Giulio Asta - Federica Ferrieri

SENTI CHI PARLA

40 ATTIVITÀ PER ESERCITARE L'ITALIANO PARLATO

CW01266402

Codice di sblocco F0C-516-1A9-9D5

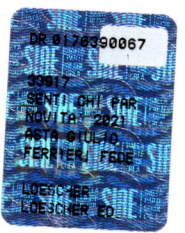

DR 0170390067

SENTI CHI PAR
NOVITA: 2021
ASTA GIULIO
FERRIERI FEDE

LOESCHER
LOESCHER ED

IL LIBRO IN DIGITALE
Questo corso è distribuito sulla piattaforma myLIM per computer e tablet.

❶ REGISTRATI SU IMPAROSULWEB
Vai sul sito *imparosulweb.eu* e registrati scegliendo il tuo profilo. Completa l'attivazione cliccando il link contenuto nell'e-mail di conferma. Al termine della procedura sarai indirizzato nella tua area personale.

❷ SBLOCCA IL VOLUME
Usa il **codice di sblocco** che trovi stampato su questo libro per sbloccarlo su Imparosulweb e per accedere anche alle espansioni online associate.

❸ SCARICA L'APPLICAZIONE MYLIM
Clicca sul pulsante **Libro digitale** e segui le istruzioni per scaricare e installare l'applicazione.

❹ SCARICA IL LIBRO ATTIVATO
Entra nella libreria di myLIM facendo login con il tuo account Imparosulweb e clicca sulla copertina del libro attivato per scaricarlo. Sfoglia le pagine e i pulsanti ti guideranno alla scoperta delle risorse multimediali collegate.

Lœscher EDITORE

EDITORE IN TORINO DAL 1861 · E BELLO DOPPO IL MORIRE VIVERE ANCHORA

© Loescher Editore - Torino 2021
www.loescher.it

I diritti di elaborazione in qualsiasi forma o opera, di memorizzazione anche digitale su supporti di qualsiasi tipo (inclusi magnetici e ottici), di riproduzione e di adattamento totale o parziale con qualsiasi mezzo (compresi i microfilm e le copie fotostatiche), i diritti di noleggio, di prestito e di traduzione sono riservati per tutti i paesi. L'acquisto della presente copia dell'opera non implica il trasferimento dei suddetti diritti né li esaurisce.

Le fotocopie per uso personale del lettore possono essere effettuate nei limiti del 15% di ciascun volume dietro pagamento alla SIAE del compenso previsto dall'art. 68, commi 4 e 5, della legge 22 aprile 1941 n. 633.

Le fotocopie effettuate per finalità di carattere professionale, economico o commerciale o comunque per uso diverso da quello personale possono essere effettuate a seguito di specifica autorizzazione rilasciata da:

CLEAREdi, Centro Licenze e Autorizzazioni per le Riproduzioni Editoriali, Corso di Porta Romana 108, 20122 Milano

e-mail autorizzazioni@clearedi.org e sito web www.clearedi.org.

L'editore, per quanto di propria spettanza, considera rare le opere fuori dal proprio catalogo editoriale. La fotocopia dei soli esemplari esistenti nelle biblioteche di tali opere è consentita, non essendo concorrenziale all'opera. Non possono considerarsi rare le opere di cui esiste, nel catalogo dell'editore, una successiva edizione, le opere presenti in cataloghi di altri editori o le opere antologiche.

Nel contratto di cessione è esclusa, per biblioteche, istituti di istruzione, musei ed archivi, la facoltà di cui all'art. 71 - ter legge diritto d'autore.

Maggiori informazioni sul nostro sito: *www.loescher.it*

Ristampe

6	5	4	3	2	1	N
2027	2026	2025	2024	2023	2022	2021

ISBN 9788858339176

In alcune immagini di questo volume potrebbero essere visibili i nomi di prodotti commerciali e dei relativi marchi delle case produttrici. La presenza di tali illustrazioni risponde a un'esigenza didattica e non è, in nessun caso, da interpretarsi come una scelta di merito della Casa editrice né, tantomeno, come un invito al consumo di determinati prodotti. I marchi registrati in copertina sono segni distintivi registrati, anche quando non sono seguiti dal simbolo ®.

Nonostante la passione e la competenza delle persone coinvolte nella realizzazione di quest'opera, è possibile che in essa siano riscontrabili errori o imprecisioni. Ce ne scusiamo fin d'ora con i lettori e ringraziamo coloro che, contribuendo al miglioramento dell'opera stessa, vorranno segnalarceli al seguente indirizzo:

Loescher Editore
Sede operativa - Via Vittorio Amedeo II, 18
10121 Torino - Fax 011 5654200 - clienti@loescher.it

Loescher Editore Divisione di Zanichelli editore S.p.a. opera con Sistema Qualità certificato secondo la norma UNI EN ISO 9001. Per i riferimenti consultare www.loescher.it

Coordinamento editoriale: Chiara Romerio
Redazione e ricerca iconografica: Edizioni La Linea - Bologna
Progetto grafico e impaginazione: Angela Ragni
Disegni: Maurizio Lacavalla
Fotolito: Walter Bassani - Bascapè (PV)
Stampa: Sograte Litografia s.r.l. - Zona Industriale Regnano - 06012 Città di Castello (PG)

Referenze fotografiche:

(ove non diversamente indicato, le referenze sono indicate dall'alto verso il basso, da sinistra a destra, in senso orario. a=alto; b=basso; c=centro; dx=destra; s=sinistra)

p. 40: ©Taweep Tang/Shutterstock; © R.Sigaev/Shutterstock.com, 2017; ©Dan74/Shutterstock; © Federico Rostagno/123RF; p. 43: © K.Neiezhmakov/Shutterstock.com, 2018; © 2011 Photos.com; © 501room/Shutterstock; © Oscity/Shutterstock; © Kiev.Victor/Shutterstock; www.ilbacodaseta.org; © Art Konovalov/Shutterstock; www.laser-imagineering.de; © V. Karasev/Shutterstock.com, 2018; p. 44: © krsmanovic/Shutterstock; © bellena/Shutterstock; Pavel L Photo and Video; www.romaatavola.it; calolzioweb.com; © Oleg Golovnev/Shutterstock.com; © aerogondo2/Shutterstock; www.bigfoto.com; © Lynn, 19 dicembre 2066/Flickr; p. 47: © pogonici/Shutterstock.com; © A.Kucherova/Shutterstock.com, 2013; lusi, 2005/sxc; © Shutterstock; © Diana Taliun/Shutterstock.com; © Shutterstock; p. 48: © Nikola Bilic/Shutterstock; © lsantilli/Shutterstock.com; © Feng Yu/Shutterstock.com, 2013; © Ewais/Shutterstock; © iprachenko/Shutterstock.com, 2017; © Volosina/Shutterstock.com; © MidoSemsem/Shutterstock; p. 49: © Dionisvera/Shutterstock; © M. Unal Ozmen/Shutterstock; © Lukas Gojda/Shutterstock; © stanga/Shutterstock; © de2marco/Shutterstock; © Olinchuk/Shutterstock.com, 2013; p. 51: © Iakov Filimonov/Shutterstock; © David Bokuchava/Shutterstock; © s74/Shutterstock.com, 2014; © Dmytro Zinkevych/Shutterstock; gl0ck33/123Rf; © wernimages/Shutterstock; p. 52: © Kryuchka Yaroslav/Shutterstock; © Forgem/Shutterstock; © feedbackstudio/Shutterstock; © BalazsSebok/Shutterstock; © Fotocrisis/Shutterstock.com; p. 53: Secom Bahia, 2010/Wikipedia Creative Commons 2.0; www.basic-ag.de; www.parmigianoreggiano.it; © photocritical/Shutterstock.com; G.Evangelisti, 2013; © Den Rozhnovsky/Shutterstock.com; p. 61: © ahmetemre/Shutterstock.com; ©Oleksandr_Delyk/Shutterstock; p. 63: http://cdn.luxgram.com; p. 64: Orren Jack Turner Princeton, N.J./ United States Library of Congress; p. 65: © Paolo Bona/Shutterstock; p. 66: www.linkiesta.it; p. 67: © Jeannine Govearts/HH; p. 68: Wikimedia Pubblico Dominio; p. 73: Scala/E-ducation.it; © Leopoldano/Shutterstock.com; blogtrotta2.blogspot.com; © Shutterstock.com; © posztos/Shutterstock; © A.Arena, 2007; © WICHAI WONGJONGJAIHAN/Shutterstock; p. 83: © Philip Lange/Shutterstock; p. 143: © Igor Klimov/Shutterstock.com.

Indice

Premessa **9**

Costruisci la tua lezione **11**

Com'è fatto questo libro? **12**

Livello A1/A2

ATTIVITÀ	SETTING IDEALE	GRAMMATICA	FUNZIONI COMUNICATIVE	LESSICO	PAG.
1 Indovina chi!		Domande semplici in 3ª persona singolare con *essere* e *avere*.	Fare domande sull'aspetto fisico delle persone.	Caratteristiche fisiche, aggettivi di base.	**14**
2 Anime gemelle		Frasi semplici affermative e interrogative in 3ª persona singolare con *essere*, *avere* e altri verbi regolari e irregolari (*vivere, abitare, fare, giocare* ecc.).	Presentarsi e fare domande sugli altri.	Età, lavoro, sport, passatempi, colori, cibo, lingue.	**16**
3 Passo dopo passo		Imperativo informale positivo e negativo.	Formulare e comprendere indicazioni per muoversi nello spazio.	Negozi e luoghi di incontro; direzioni (*destra, sinistra, avanti, indietro*); espressioni *un po', ancora, basta*.	**21**
4 Rosso di sera, bel tempo si spera		Coniugazione dei verbi che descrivono il tempo atmosferico.	Parlare del tempo atmosferico e delle differenze climatiche tra alcune città italiane.	Tempo atmosferico; giorni della settimana; temperatura (numeri); orari; nomi di città e località italiane.	**25**
5 L'erba del vicino		Frasi affermative e interrogative in 3ª persona singolare.	Parlare di altre persone.	Nazionalità; animali domestici; strumenti musicali; professioni; problemi di salute; mezzi di trasporto; sport e passatempi.	**28**
6 Occhio di lince		Domande semplici in 3ª persona singolare con *essere*, *avere* e altri verbi regolari; *servire a/per* + infinito.	Chiedere e descrivere le caratteristiche fisiche e la funzione di oggetti.	Aggettivi e loro contrari per descrivere oggetti; nomi di alcune professioni.	**31**
7 Elementare, Watson		*Ci* + *essere*; preposizioni semplici e articolate; *servire a/per* + infinito.	Descrivere le stanze di una casa e il loro contenuto.	Ambienti della casa; mobili; oggetti; espressioni per indicare la posizione nello spazio; professioni.	**34**
8 Ti prometto mari e monti		Coniugazione in 2ª persona singolare di semplici verbi regolari e irregolari.	Organizzare e promuovere una giornata di vacanza; parlare di orari.	Routine quotidiana; attività tipiche in vacanza (visita guidata, presentazione ecc.); verbi relativi alle vacanze (*prenotare, visitare, partire* ecc.).	**39**

Livello A2

ATTIVITÀ	SETTING IDEALE	GRAMMATICA	FUNZIONI COMUNICATIVE	LESSICO	PAG.
9 Indovina indovinello		*Si* impersonale; indicativo presente.	Parlare di azioni comuni e abitudini relative a un luogo della città.	Luoghi della città e attività che vi si svolgono.	**42**
10 Un tanto al chilo		*Ne* partitivo; concordanza di *quanto/-a/-i/-e*.	Chiedere e offrire ingredienti per ricette di cucina.	Nomi di pasti e altre occasioni di convivialità; ingredienti per ricette specifiche.	**45**
11 Sorvegliati speciali		*Stare* + gerundio.	Descrivere azioni in corso di svolgimento.	Lessico relativo a museo, banca, gioielleria, ristorante, supermercato, autosalone.	**50**
12 Casa dolce casa!		*Ci* + *essere*; preposizioni semplici e articolate; frasi affermative e interrogative all'indicativo presente con *essere* e *avere* e altri verbi.	Fare domande e dare risposte sulle caratteristiche di un'abitazione; esprimere apprezzamento e disapprovazione.	Abitazioni.	**54**
13 Al fuoco, al fuoco!		Avverbi, pronomi e aggettivi interrogativi; indicativo presente e passato prossimo.	Fare domande e dare risposte su una situazione di emergenza.	Lessico relativo alle emergenze; ore della giornata; numeri di telefono; indirizzi.	**58**
14 Geni incompresi (a scuola)		Passato prossimo; imperfetto.	Fare domande e dare risposte a proposito delle esperienze scolastiche.	Tipologie di scuola, esperienze scolastiche, materie, ricerche, premi.	**62**
15 Siamo messi male		Passato prossimo; pronomi riflessivi; verbi riflessivi con le parti del corpo; ipotesi con l'indicativo.	Descrivere problemi di salute e le loro cause.	Parti del corpo; problemi di salute comuni.	**69**
16 Una vacanza coi fiocchi		Preposizioni con mezzi di trasporto e località.	Descrivere l'organizzazione di una vacanza.	Espressioni di tempo; mezzi di trasporto; luoghi dove mangiare.	**72**

Livello B1

ATTIVITÀ	SETTING IDEALE	GRAMMATICA	FUNZIONI COMUNICATIVE	LESSICO	PAG.
17 Perché sì!		*Perché* + indicativo per esprimere una causa; *per* + infinito e congiuntivo presente per esprimere un fine.	Fare domande e risposte a catena.	Elementi dell'ambiente urbano, membri della famiglia.	74
18 Impara l'arte...		Vari argomenti di livello A2 e B1.	Varie, ad es. fare acquisti al mercato, litigare, conversare a cena ecc.	Vario, relativo all'opera d'arte su cui gli studenti lavorano.	76
19 I bei tempi andati		Imperfetto; passato prossimo.	Narrare storie o fatti passati.	Età della vita; indicatori temporali.	79
20 Lampi di genio		Congiuntivo presente con verbi di opinione; espressioni di opinione che non vogliono il congiuntivo.	Formulare definizioni di oggetti e spiegarne l'uso.	Vario, propedeutico a formulare definizioni di oggetti e descrivere azioni della vita quotidiana.	82
21 Ritorno al futuro		Congiuntivo presente; condizionale presente; futuro semplice; aggettivi e pronomi indefiniti.	Fare proposte e formulare ipotesi su situazioni future.	Oggetti; società.	85
22 Mi va a pennello		Pronomi personali (atoni e tonici); pronomi indiretti, diretti, combinati; condizionale presente.	Fare richieste gentili che riguardano i vestiti. Dare risposte scontrose.	Abbigliamento.	87
23 Ragno porta guadagno		Congiuntivo presente e passato.	Formulare ipotesi sulle superstizioni.	Animali; indicatori temporali.	91
24 Tipi... da spiaggia!		Pronomi relativi; imperfetto; passato prossimo.	Descrivere una persona facendo riferimento all'aspetto fisico, al carattere e a fatti passati della sua vita.	Aspetto fisico; carattere; collocazione relativa nello spazio; la spiaggia.	93

Livello B2

ATTIVITÀ	SETTING IDEALE	GRAMMATICA	FUNZIONI COMUNICATIVE	LESSICO	PAG.
25 Ai ferri corti		Comparativi e superlativi relativi (anche irregolari).	Partecipare a un dibattito o a una discussione; esporre una tesi o un'argomentazione.	Prefissi accrescitivi con aggettivi e sostantivi.	96
26 Scopriamo gli altarini		Futuro semplice e anteriore per fare supposizioni.	Fare ipotesi.	Vario.	99
27 Viva gli sposi		Futuro nel passato (condizionale passato).	Esprimere eventi futuri nel passato.	Matrimonio; feste; famiglia; convivialità.	102
28 Le faremo sapere		Condizionale passato per esprimere fatti o desideri non realizzati.	Argomentare, convincere, esprimere fatti o desideri non realizzati.	Lavoro.	105
29 Il punto morto		Imperfetto; passato e trapassato prossimo; passato remoto.	Narrare vicende storiche.	Vario, relativo a oggetti e personaggi per scrivere una storia.	108
30 In alto mare		Ripasso di vari argomenti grammaticali di livello B1 e B2.	Comporre frasi con parole ed elementi grammaticali dati.	Parole composte per descrivere alcuni oggetti, cibi e luoghi.	112
31 Perle di saggezza		Nessi per introdurre proposizioni finali, causali, disgiuntive, concessive, modali, eccettuative.	Ampliare frasi esplicitandone fine, causa, alternativa, concessione, modo, eccezione.	Lessico contenuto in alcuni proverbi famosi, connettivi (nessi subordinanti).	117
32 Che testa d'uovo!		Congiuntivo imperfetto e trapassato; condizionale passato; periodo ipotetico della realtà, possibilità e irrealtà.	Commentare grafici; fare ipotesi reali e irreali.	Vario, in parte relativo all'analisi dei dati (ad es. andamento di iscrizioni a una scuola, visite a un luogo, vendite di un prodotto, utenza di un servizio).	119

Livello C1

ATTIVITÀ	SETTING IDEALE	GRAMMATICA	FUNZIONI COMUNICATIVE	LESSICO	PAG.
33 Ambasciator non porta pena		Discorso indiretto.	Riferire affermazioni, domande e richieste al presente e al passato.	Verbi dichiarativi e lessico interazionale, con focus sugli elementi caratteristici della discussione.	122
34 Esercizi di stile		Varie strutture grammaticali avanzate.	Utilizzare stili linguistici adatti a situazioni date.	Vario.	126
35 Di palo in frasca		Verbi pronominali.	Esprimersi in modo articolato e complesso; improvvisare.	Vario; parole assonanti o in rima.	129
36 Il re della foresta		Futuro; condizionale; periodo ipotetico.	Fare proposte; concepire un piano di squadra.	Flora; fauna; ecologia.	131
37 Meglio un uovo oggi o una gallina domani?		Congiuntivo per esprimere opinioni; periodo ipotetico.	Argomentare.	Lessico relativo ad alternative di importanza o prezzo diversi (cagnolino di peluche / cane vero, utilitaria / macchina da corsa, biglietto per la partita / abbonamento per la stagione ecc.).	135
38 Parlare dei massimi sistemi		Varia.	Esprimersi in modo articolato e complesso; improvvisare.	Specialistico delle discipline di studio.	138
39 Pensando a voce alta		Concordanza dei tempi nella subordinazione; modi indefiniti.	Comunicare sequenze complesse di pensieri e avvenimenti.	Vario.	140
40 Tutto un programma		Forma passiva; *si* passivante.	Descrivere le regole di un videogioco.	Neologismi e parole composte.	142

Premessa

Se stai leggendo queste parole, probabilmente ti interessa l'insegnamento della lingua italiana. Ne siamo felici, perché questo significa che abbiamo già qualcosa in comune. Vedi, anche noi abbiamo a cuore l'insegnamento e l'apprendimento della lingua italiana. Forse sei un insegnante, forse vorresti esserlo, forse ti è capitato di farne le veci, forse stai sfogliando questo libro per pura curiosità. Ad ogni modo, vorremmo guidarti nella comprensione e nell'utilizzo di questo manuale. La prendiamo un po' alla larga, però. Ma poco.

Permetti?

La lingua parlata è una bricconcella, sai. Si ha sempre l'impressione che sfugga via, che rimbalzi sui muri della stanza e scappi dalla finestra. Molte persone, poi, diffidano delle parole parlate e vogliono che tutto sia – come si suol dire – "nero su bianco". Spesso si dice che anche gli antichi romani fossero della stessa opinione e si ritorna, in grande stile, al famoso detto: "*verba volant, scripta manent*". Altre volte, invece, c'è chi cerca di rinchiudere la lingua all'interno di schemi predefiniti e gabbie grammaticali, così da poterla analizzare – con calcolato rigore scientifico, naturalmente – e studiare pian piano.

Ma, bisogna ammetterlo, parlare è davvero un atto di straordinaria condivisione, di grandi sorprese e di grande utilità per imparare una lingua. Ci vuole pazienza, però. Bisogna ascoltare, prendere tempo, lasciare un momento che anche gli altri possano partecipare. Bisogna imparare a confrontarsi (soprattutto come insegnanti, nel nostro caso) con timidezza, ansia da prestazione, timore, noncuranza, disinteresse, eccitazione e altre amenità del nostro essere umani.

Facciamo un esempio pratico: sai quanto tempo in media aspetta un insegnante, dopo aver posto una domanda a uno studente o alla classe, prima di dire qualcos'altro e, quindi, riprendere la parola?

…Lo sai? Secondo te, quanto?

Puoi scriverlo qui, sia che tu lo sappia, sia che tu vada per intuizione:

....[1]

Lo diciamo per cominciare a riflettere, insieme a te, in termini orali e pratici, insomma, in termini *parlerecci*[2]. Siamo convinti che imparare a declamare poesie, recitare monologhi e leggere ad alta voce senza intoppi sia affascinante, certo. Richiede preparazione, controllo e disciplina. Eppure, purtroppo, potrebbe non rivelarsi di grande aiuto nella situazione in cui qualcuno ti chiede un'informazione, un'opinione o si interessa a come stai, che cosa pensi, dove stai andando o simili questioni.

Con *Senti chi parla* intendiamo offrire a insegnanti e studenti una raccolta di risorse creative per parlare e far parlare, in lingua, grazie alla proposta di 40 attività e materiali conversazionali e situazionali pensati per far scaturire conversazioni con e tra gli studenti. Il ruolo che abbiamo previsto per l'insegnante è, fondamentalmente, quello di facilitare l'inizio, la continuazione e la chiusura di queste conversazioni guidate.

---

[1] La soluzione è nella prossima pagina. Se vuoi sbirciare, puoi.

[2] Questa parola non esiste, formalmente, nei dizionari. Ciononostante, potrebbe funzionare in una conversazione. È un buon esempio per introdurre il tema dell'importanza della creatività nel parlare. Se uno studente, durante una delle attività proposte in questo libro, dovesse inventarsi una parola simile, lascialo fare – se vedi che funziona. A conclusione dell'attività, avrete modo di osservare insieme la sua creatività e capire che in realtà in italiano esistono già altre parole per esprimere lo stesso concetto. Parole che siamo sicuri gli italiani possano capire e riconoscere, ad esempio.

Grazie ai materiali inclusi in ogni attività, potrai facilmente preparare le tue nuove lezioni dedicate all'italiano parlato. Inoltre, abbiamo preparato anche una serie di attività di cornice alle 40 attività principali presentate nel libro.

* Ed ecco la soluzione alla domanda della pagina precedente

Secondo alcuni studi[3] ormai più che affermati, il tempo che un insegnante concede in media agli studenti per rispondere a una domanda appena posta si aggira intorno agli **0,9 secondi**.

Davvero poco, già.

Certo, il cervello e le facoltà comunicative umane sono cose straordinarie e strabilianti ma quando si concede poco tempo non si può ottenere molto, di norma. Quando si lascia più tempo agli altri per parlare, di solito, succede che poi lo fanno. Ed è incredibile quanto spesso ci dimentichiamo dell'importanza di questo silenzio, per imparare e insegnare a parlare. Questo, probabilmente, accade perché gestirlo è difficile, soprattutto in classe. Nel silenzio vivono i mostri del dubbio, quelli che infestano le teste di studenti e insegnanti, senza distinzioni di lingua, genere, religione o altro.

Eppure, a ben pensarci, è dal silenzio che nascono i suoni e i pensieri più belli. Ed è proprio lì, in quello spazio libero dalle parole altrui, terrificante solo in apparenza, che dovremmo incoraggiare i nostri studenti e accompagnarli a parlare.

Per fare questo, ma anche altro, abbiamo preparato alcuni piccoli consigli da tenere a mente durante lo svolgimento delle attività di *Senti chi parla*. Speriamo che ti siano utili:

● **"Aspetta e ascolta"**

Nuova versione del disilluso monito "Aspetta e spera". Con questo nuovo monito revisionato in mente, fai attenzione che a ciascuno sia concesso abbastanza tempo per parlare durante le lezioni e che tutti abbiano lo stesso spazio per esprimersi. Imparare a parlare in lingua è bello, soprattutto quando a tutti i partecipanti sono date le stesse possibilità. Questo è valido sia per gli insegnanti, sia per gli studenti.

● **Attenzione all'ipercorrettismo**

Quando si parla in L2, il pensiero e la parola vanno a due velocità diverse. Non interrompere gli studenti per correggere ogni piccola imperfezione della loro lingua parlata. Piuttosto, prendi nota e sfrutta la loro esperienza per spiegare subito dopo, a tutte e tutti, che cosa poteva essere detto in maniera più corretta, come farlo e perché. Il perché delle cose è sempre molto importante per aiutare chi impara facendo.

● **Divertitevi e sfruttate le attività**

E, perché no, fatelo mettendoci del vostro e incoraggiando la partecipazione, l'improvvisazione e la sperimentazione linguistica. Vedrete che sarà un successo.

Buone lezioni parlerecce,
Gli autori (Giulio e Federica)

---

[3] M.B. Rowe, *Wait-Time and Rewards as Instructional Variables: Their Influence on Language, Logic, and Fate Control*, presentato alla National Association for Research in Science Teaching, Chicago, Illinois, aprile 1972; R.J. Stahl, *Using "Think-Time" and "Wait-Time" Skillfully in the Classroom*, ERIC Digest, ERIC Clearinghouse for Social Studies/Social Science Education, Bloomington, Indiana, maggio 1994.

Costruisci la tua lezione

Senti chi parla è un libro pensato per condurre intere lezioni dedicate all'italiano parlato. Grazie all'utilizzo di questo libro e delle risorse online su imparosulweb **iw**, infatti, è possibile costruire lezioni di circa 60-90 minuti per classi, gruppi, coppie o studenti individuali dall'A1 al C1.

Per fare questo, abbiamo preparato e predisposto online tre mini-attività preparatorie e conclusive per ognuna delle 40 attività qui presentate su carta.

Ma non indugiamo: ecco uno schema per capire meglio di che cosa stiamo parlando.

Una lezione tipo...

- 10-15 minuti **"rompiamo il ghiaccio"** (su imparosulweb **iw**): per essere sempre sicuri di partire con il piede giusto!

- 10-15 minuti **"scaldiamo l'ambiente"** (su imparosulweb **iw**): per stimolare interesse e curiosità.

- 30-45 minuti **"è ora di parlare"** (in questo libro): attività per parlare.

- 10-15 minuti **"diamoci un taglio"** (su imparosulweb **iw**): per chiudere in bellezza e salutare gli studenti.

Ma non è finita qui. Discutendo tra noi sulle attività e il loro utilizzo, abbiamo pensato che sarebbe stato interessante ragionare su come poter riciclare le attività dei livelli base per quelli più alti, quelle per le classi in attività per gruppi e così via. E quindi, per farla breve, su imparosulweb **iw** trovi anche i **suggerimenti per riciclare le attività (riciclabilità)** di *Senti chi parla* e fare in modo che possano adattarsi perfettamente alle tue lezioni e ai tuoi studenti!

Com'è fatto questo libro?

Il libro contiene 40 attività da proporre agli studenti per incoraggiare la produzione orale. Le attività sono presentate in modo progressivo, dal livello A1/A2 al livello C1. Per ogni livello ci sono otto attività di cui due sono per la classe, due per piccoli gruppi, due per coppie di studenti e due per la lezione individuale.

Ogni attività è spiegata in una pagina, che contiene tutte le informazioni necessarie per prepararla e svolgerla.

Nella sezione di apertura sono contenute le informazioni sulla natura dell'attività: il livello, la tipologia di interazione (classe, gruppi, coppie, individuale) e gli obiettivi comunicativi. Questi ultimi sono suddivisi in **GRAMMATICA**, **FUNZIONI COMUNICATIVE** e **LESSICO**.

Nella sezione **Materiali e preparazione** sono indicati i materiali necessari per svolgere l'attività e viene spiegato quanti ne devono essere predisposti. I materiali possono essere oggetti (ad es. dadi) oppure schede e tessere da fotocopiare e distribuire, che si trovano nelle pagine successive alla presentazione dell'attività, nella sezione **MATERIALI**. I materiali contrassegnati dall'icona **iw** possono essere trovati online su imparosulweb.

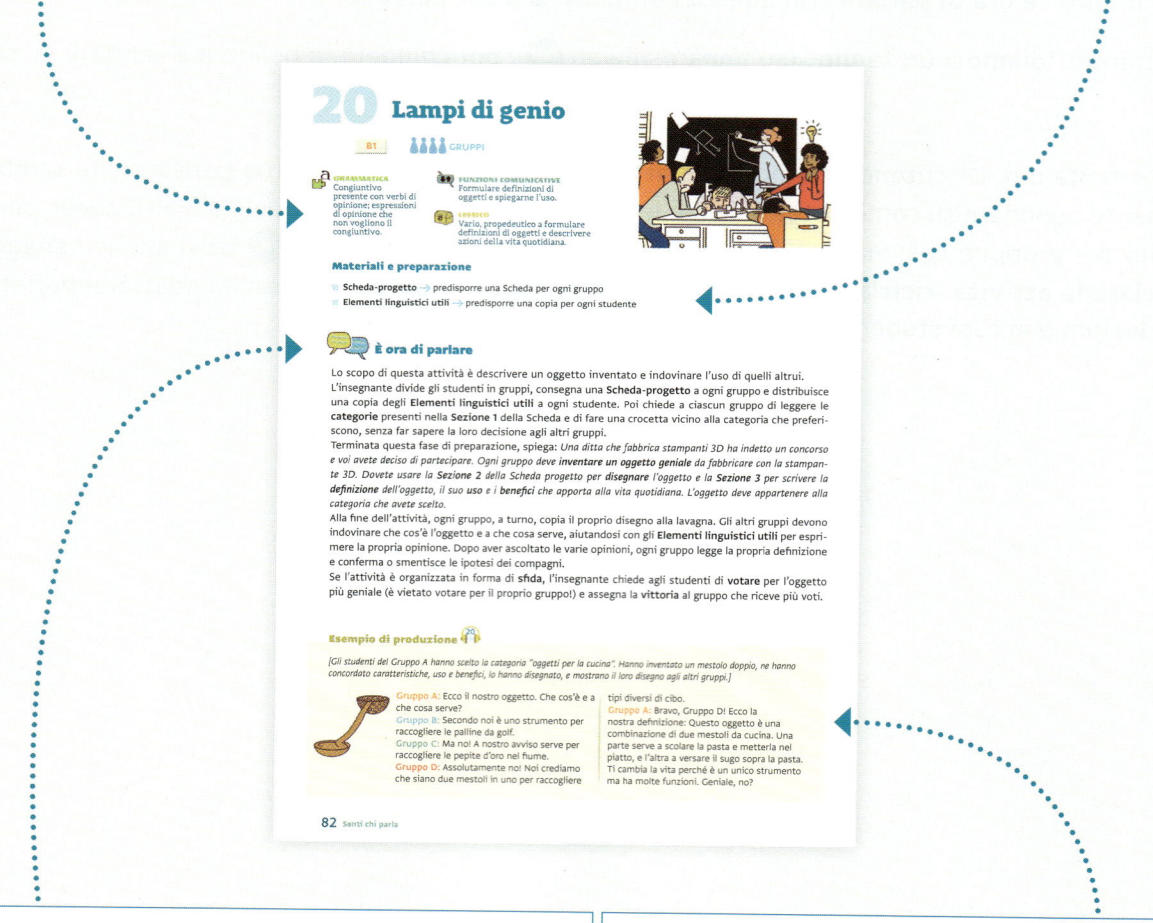

Nella sezione **È ora di parlare** è spiegato come svolgere l'attività, in particolare sono illustrati: scopo, preparazione, svolgimento e conclusione. Alcune attività possono essere svolte in forma di sfida e in tal caso viene spiegato come assegnare la vittoria.

L'ultima sezione della pagina, **Esempio di produzione**, contiene una conversazione che esemplifica lo svolgimento dell'attività, seguendone i passaggi. È possibile ascoltare l'esempio in formato audio su imparosulweb **iw**.

Nelle pagine successive si trovano i **MATERIALI** da utilizzare per lo svolgimento dell'attività, che devono essere fotocopiati, eventualmente ritagliati e distribuiti agli studenti.

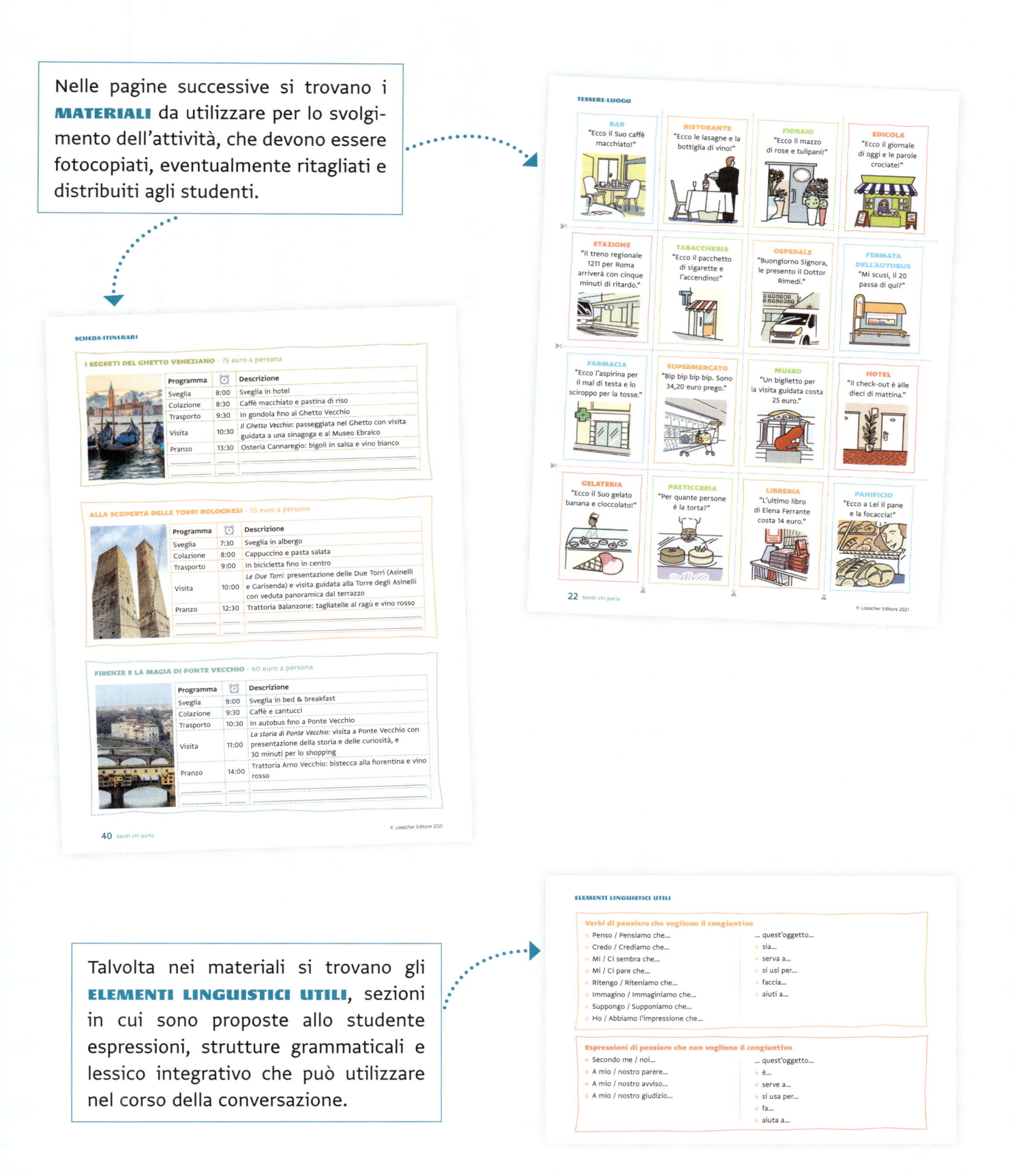

Talvolta nei materiali si trovano gli **ELEMENTI LINGUISTICI UTILI**, sezioni in cui sono proposte allo studente espressioni, strutture grammaticali e lessico integrativo che può utilizzare nel corso della conversazione.

Online, nella piattaforma imparosulweb **iw** si trovano i materiali aggiuntivi, che possono essere utili per personalizzare le attività oppure nel caso di lezione individuale a distanza. In questo modo, si potranno ripetere le attività per dare agli studenti la possibilità di fare più pratica possibile di produzione orale.

Indovina chi!

 A1/A2   CLASSE

 GRAMMATICA
Domande semplici in
3ª persona singolare
con *essere* e *avere*.

LESSICO
Caratteristiche fisiche,
aggettivi di base.

 FUNZIONI COMUNICATIVE
Fare domande sull'aspetto
fisico delle persone.

Materiali e preparazione

- **Tessere-guida** → predisporre una Tessera per ogni studente
- 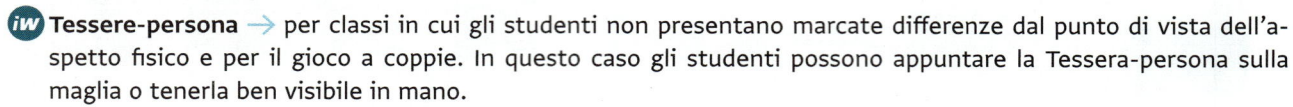 **Tessere-persona** → per classi in cui gli studenti non presentano marcate differenze dal punto di vista dell'aspetto fisico e per il gioco a coppie. In questo caso gli studenti possono appuntare la Tessera-persona sulla maglia o tenerla ben visibile in mano.

 È ora di parlare

Lo scopo di questa attività è trasformare la classe in una versione vivente del famoso gioco da tavolo *Indovina Chi*. Per preparare gli studenti all'attività e offrire esempi di domande, l'insegnante può usare le **Tessere-guida** distribuendole alla classe.

L'insegnante sceglie due studenti: A e B (o chiede di avere due volontari). Poi fa disporre tutti gli studenti in semicerchio intorno ad A e B in modo che siano tutti ben visibili a B. Lo studente **A** scrive il **nome di un compagno** su un pezzetto di carta, senza mostrarlo a nessuno. **B** deve **indovinare qual è lo studente** che A ha scelto. Per farlo deve fare ad A delle **domande** a cui A può **rispondere** solo **sì** o **no** (ad es. "È una donna?", "Ha i capelli neri?", "Porta gli occhiali?" ecc.).

A seconda della risposta di A, B comincia a escludere i compagni chiamandoli per nome (ad es. se A ha risposto che il compagno misterioso porta gli occhiali, B esclude i compagni senza occhiali). I compagni esclusi si siedono per terra o escono dal semicerchio. Quando resta solo uno studente in piedi, B guarda il foglietto su cui A ha scritto il nome del compagno misterioso e lo mostra alla classe. Se lo studente è quello rimasto in piedi, ha vinto e il gioco prosegue cambiando i ruoli o con due nuovi giocatori.

Se l'attività è organizzata in forma di **sfida**, il gioco può essere fatto a tempo: vince chi ne impiega meno.

Esempio di produzione

Studente B: È un uomo?
Studente A: Sì!
B: Ok, allora elimino Zhang, Sheila e Julie.
[Zhang, Sheila e Julie - in quanto escluse - si siedono per terra o escono dal gioco.]
B: Ha gli occhiali?
A: No!
B: Allora escludo John e Ahmed!
[John e Ahmed si siedono o escono dal gioco.]
B: Ha gli occhi verdi?
[...]

È un uomo?	*Sì.*
Ha i capelli lunghi?	*No.*
Ha gli occhiali?	*Sì.*
È basso?	*No.*
È John?	*Sì, bravo/a!*

È una donna?	*Sì.*
Ha i capelli neri?	*No.*
Ha gli occhi azzurri?	*No.*
È alta?	*No.*
È Camille?	*Sì, bravo/a! Esatto!*

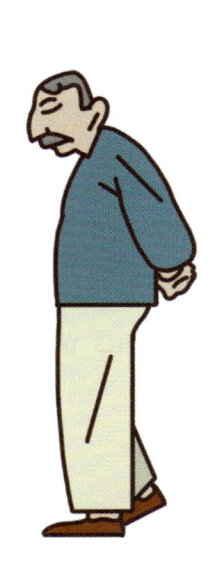

È giovane?	*No.*
Ha i baffi?	*Sì.*
Ha il naso grande?	*Sì.*
È basso/a?	*No.*
È Ahmet?	*Sì, bravissimo/a!*

È vecchio/a?	*No.*
Ha i capelli neri?	*No.*
Ha i capelli lunghi?	*Sì.*
Ha vestiti colorati?	*Sì.*
È Fatima?	*Sì! Ma che bravo/a...*

2 Anime gemelle

A1/A2 CLASSE

 GRAMMATICA
Frasi semplici affermative e interrogative in 3ª persona singolare con *essere*, *avere* e altri verbi regolari e irregolari (*vivere*, *abitare*, *fare*, *giocare* ecc.).

 FUNZIONI COMUNICATIVE
Presentarsi e fare domande sugli altri.

LESSICO
Età, lavoro, sport, passatempi, colori, cibo, lingue.

Materiali e preparazione

- **Tessere-personaggio** → predisporre una Tessera per ogni studente
- *iW* **Tessere-personaggio personalizzabili** → nel caso l'insegnante voglia personalizzare l'attività

 ## È ora di parlare

Lo scopo di questa attività è creare delle coppie tra i personaggi che gli studenti impersonano che corrispondano per età, gusti e passioni.

L'insegnante divide la classe in **due gruppi**. Gli studenti stanno in piedi e si dispongono in **due cerchi concentrici** al centro della stanza, in modo che ogni studente guardi in faccia un altro studente. L'insegnante dà una **Tessera-personaggio** a ogni studente.

Terminata questa fase di preparazione, spiega: *Oggi cercate tutti l'anima gemella. Guardate la Tessera-personaggio per scoprire la vostra identità e capire quali sono le caratteristiche dell'anima gemella che fa per voi. Cominciate a parlare con il compagno di fronte: fate delle domande per capire se è lui la vostra anima gemella. Ma attenzione! Dovete essere veloci perché, quando batto le mani, gli studenti nel cerchio esterno si muovono di un posto a sinistra e le coppie cambiano. Parlate anche con il nuovo compagno: sarà lui l'anima gemella? Continuate in questo modo. Quando pensate di aver trovato l'anima gemella, potete dirle "Chiamami..." e usare l'abbreviazione del vostro nome sulla Tessera-personaggio. Ad esempio "Chiamami Ele!" invece di Elena.*

Concluso il giro delle coppie, si controlla chi ha davvero trovato la propria anima gemella: gli studenti mostrano le Tessere e vedono se sono perfettamente compatibili.

Se gli studenti sono in numero dispari, l'insegnante partecipa all'attività prendendo una Tessera-personaggio.

Esempio di produzione 02

Studente A: Ciao!
Studente B: Ciao! Come ti chiami?
A: Giovanni, e tu?
B: Elena.
A: Che bel nome! Quanti anni hai?
B: 85, e tu?
A: Sei giovane! Io ho 93 anni!
B: Sei in pensione, Giovanni?
A: Sì, Elena, e tu?

B: Anch'io. Ma la mia grande passione è giocare a poker.
A: Davvero? Anche io gioco a poker! È il mio hobby preferito.
B: Fantastico! E, dimmi, tu preferisci mangiare al ristorante o a casa?
A: Ah... guarda... la cucina fatta in casa è la mia preferita.

B: Davvero? Anche la mia!
A: Benissimo!
B: Ok, adesso, il tuo colore preferito è l'arancione?
A: Sì, Elena, come lo sai?
B: Giovanni, perché tu sei la mia anima gemella! Chiamami "Ele"!
A: E tu chiamami "Giò"!

ELENA | detta "Ele"
85 anni
lavoro: **pensionata**
passione: **giocare a poker**
colore preferito: **viola**
cucina preferita: **fatta in casa**

Anima gemella
50-100 anni
lavoro: **pensionato**
passione: **giocare a poker**
colore preferito: **arancione**
cucina preferita: **fatta in casa**

CECILIA | detta "Ceci"
42 anni
lavoro: **fotografa**
passione: **andare a teatro**
colore preferito: **bianco**
cucina preferita: **vegana**

Anima gemella
40-45 anni
lavoro: **giornalista**
passione: **andare a teatro**
colore preferito: **viola**
cucina preferita: **vegana**

MICHELA | detta "Michi"
51 anni
lavoro: **insegnante di italiano**
passione: **fare giardinaggio**
colore preferito: **giallo**
cucina preferita: **vegetariana**

Anima gemella
40-60 anni
lavoro: **insegnante**
passione: **fare giardinaggio**
colore preferito: **rosso**
cucina preferita: **vegetariana**

LEONARDO | detto "Leo"
35 anni
lavoro: **medico**
passione: **ascoltare musica classica**
colore preferito: **verde**
cucina preferita: **indiana**

Anima gemella
20-40 anni
lavoro: **cameriera**
passione: **ascoltare musica**
colore preferito: **bianco**
cucina preferita: **indiana**

ANTONIO | detto "Antò"
26 anni
lavoro: **studente**
passione: **guardare serie TV**
colore preferito: **rosso**
cucina preferita: **sushi**

Anima gemella
25-30 anni
lavoro: **barista**
passione: **guardare serie TV**
colore preferito: **blu**
cucina preferita: **sushi**

GIOVANNI | detto "Giò"
93 anni
lavoro: **pensionato**
passione: **giocare a poker**
colore preferito: **arancione**
cucina preferita: **fatta in casa**

Anima gemella
50-90 anni
lavoro: **pensionata**
passione: **giocare a poker**
colore preferito: **viola**
cucina preferita: **fatta in casa**

FEDERICA | detta "Fede"
40 anni
lavoro: **giornalista**
passione: **andare a teatro**
colore preferito: **viola**
cucina preferita: **vegana**

Anima gemella
40-45 anni
lavoro: **fotografa**
passione: **andare a teatro**
colore preferito: **bianco**
cucina preferita: **vegana**

NICOLÒ | detto "Nico"
54 anni
lavoro: **insegnante di matematica**
passione: **fare giardinaggio**
colore preferito: **rosso**
cucina preferita: **vegetariana**

Anima gemella
40-60 anni
lavoro: **insegnante**
passione: **fare giardinaggio**
colore preferito: **giallo**
cucina preferita: **vegetariana**

BEATRICE | detta "Bea"
27 anni
lavoro: **cameriera**
passione: **ascoltare musica elettronica**
colore preferito: **bianco**
cucina preferita: **indiana**

Anima gemella
20-40 anni
lavoro: **medico**
passione: **ascoltare musica**
colore preferito: **verde**
cucina preferita: **indiana**

GIUSEPPE | detto "Beppe"
29 anni
lavoro: **barista**
passione: **guardare serie TV**
colore preferito: **blu**
cucina preferita: **sushi**

Anima gemella
25-30 anni
lavoro: **studente**
passione: **guardare serie TV**
colore preferito: **rosso**
cucina preferita: **sushi**

© Loescher Editore 2021

TESSERE-PERSONAGGIO (per classi fino a 20 studenti)

LUIGI | detto "Gigi"
28 anni
lavoro: **scrittore**
passione: **fare yoga**
colore preferito: **verde**
cucina preferita: **italiana**

Anima gemella
25-30 anni
lavoro: **attrice**
passione: **fare yoga**
colore preferito: **blu**
cucina preferita: **italiana**

ANDREA | detto "Andre"
21 anni
lavoro: **studente**
passione: **viaggiare**
colore preferito: **giallo**
cucina preferita: **cinese**

Anima gemella
18-25 anni
lavoro: **studente**
passione: **viaggiare**
colore preferito: **bianco**
cucina preferita: **cinese**

MATTEO | detto "Matte"
38 anni
lavoro: **medico**
passione: **ascoltare musica acustica**
colore preferito: **verde**
cucina preferita: **italiana**

Anima gemella
30-40 anni
lavoro: **infermiere**
passione: **suonare la chitarra**
colore preferito: **blu**
cucina preferita: **italiana**

CAMILLA | detta "Cami"
34 anni
lavoro: **social media manager**
passione: **studiare le lingue**
colore preferito: **rosso**
cucina preferita: **tutto**

Anima gemella
30-40 anni
lavoro: **da remoto**
passione: **linguistica**
colore preferito: **bianco**
cucina preferita: **tutto**

GIORGIO | detto "Giò"
55 anni
lavoro: **pasticcere**
passione: **cucinare**
colore preferito: **viola**
cucina preferita: **fatta in casa**

Anima gemella
50-60 anni
lavoro: **in cucina**
passione: **cucinare**
colore preferito: **rosso**
cucina preferita: **fatta in casa**

FRANCESCA | detta "Fra"
27 anni
lavoro: **attrice**
passione: **fare yoga**
colore preferito: **blu**
cucina preferita: **italiana**

Anima gemella
25-30 anni
lavoro: **scrittore**
passione: **fare yoga**
colore preferito: **verde**
cucina preferita: **italiana**

✂ -

MARIA | detta "Meri"
19 anni
lavoro: **studente**
passione: **viaggiare**
colore preferito: **bianco**
cucina preferita: **cinese**

Anima gemella
20-25 anni
lavoro: **studente**
passione: **viaggiare**
colore preferito: **giallo**
cucina preferita: **cinese**

✂ -

FRANCESCO | detto "Fra"
39 anni
lavoro: **infermiere**
passione: **suonare la chitarra**
colore preferito: **blu**
cucina preferita: **italiana**

Anima gemella
30-40 anni
lavoro: **medico**
passione: **ascoltare musica**
colore preferito: **verde**
cucina preferita: **italiana**

✂ -

ALICE | detta "Ali"
37 anni
lavoro: **grafica web**
passione: **studiare le lingue**
colore preferito: **bianco**
cucina preferita: **tutto**

Anima gemella
30-40 anni
lavoro: **da remoto**
passione: **linguistica**
colore preferito: **rosso**
cucina preferita: **tutto**

✂ -

PATRIZIA | detta "Patti"
52 anni
lavoro: **cuoca**
passione: **cucinare**
colore preferito: **rosso**
cucina preferita: **fatta in casa**

Anima gemella
50-60 anni
lavoro: **in cucina**
passione: **cucinare**
colore preferito: **viola**
cucina preferita: **fatta in casa**

© Loescher Editore 2021

3 **Passo dopo passo**

A1/A2  GRUPPI

GRAMMATICA
Imperativo informale positivo e negativo.

LESSICO
Negozi e luoghi di incontro; direzioni (*destra, sinistra, avanti, indietro*); espressioni *un po', ancora, basta.*

FUNZIONI COMUNICATIVE
Formulare e comprendere indicazioni per muoversi nello spazio.

Materiali e preparazione

- **Bende per gli occhi** → predisporre una benda per ogni gruppo
- **Nastro adesivo** (se l'attività viene fatta in classe) o **gessetti colorati** (se l'attività viene fatta in cortile)
- **Tessere-luogo** → predisporre quattro Tessere per ogni gruppo
- **Mappe** → per classi in cui non si possano segnare percorsi per terra; predisporre una Mappa per ogni gruppo
- (iW) **Mappe aggiuntive** → per classi in cui non si possano segnare percorsi per terra; predisporre una Mappa per ogni gruppo

 È ora di parlare

Lo scopo di questa attività è dare delle indicazioni a uno studente bendato in modo che possa raggiungere una destinazione.

L'insegnante divide la classe in gruppi di non più di **quattro** studenti, che si posizionano in parti diverse dell'aula o del cortile. Ogni gruppo sceglie uno studente, che viene **bendato**. Gli altri studenti del gruppo segnano per terra, con il nastro adesivo o il gessetto, un **percorso a zigzag**, possibilmente lungo e tortuoso. Lo studente bendato si mette all'inizio del percorso, mentre uno degli altri studenti si posiziona alla fine e riceve dall'insegnante una **Tessera-luogo**. Terminata questa fase di preparazione, l'insegnante spiega: *Studenti bendati, dovete* **arrivare a destinazione** *seguendo i* **comandi** *dei vostri compagni, che vi diranno "Vai avanti! Gira a destra! Gira a sinistra! Vai indietro! Ferma!". La destinazione è un luogo della città: quando arrivate,* **ascoltate una frase** *che viene detta in quel luogo e* **indovinate in che luogo siete**. *Se il luogo è corretto, il vostro gruppo vi fa un applauso.* Dopo che la destinazione è stata raggiunta e il luogo indovinato, il gioco prosegue cambiando i ruoli: lo studente alla fine del percorso viene bendato e un nuovo compagno va al suo posto e riceve dall'insegnante una Tessera-luogo. Se l'attività è organizzata in forma di **sfida**, vince il gruppo che per primo utilizza quattro Tessere-luogo. Se non è possibile segnare i percorsi per terra, o se si preferisce, si possono usare le **Mappe**. Gli studenti giocano in gruppi o a coppie: lo studente bendato parte dal punto A e deve seguire i comandi dei compagni spostando il dito o una penna sulla Mappa. All'inizio del gioco i compagni scelgono una delle quattro destinazioni possibili (segnate con sulla Mappa) senza dirla al compagno, prendono una Tessera-luogo e gli danno le indicazioni per raggiungere la destinazione scelta. Una volta arrivato a destinazione, lo studente che ha la Tessera-luogo pronuncia la frase e lo studente che ha seguito la Mappa indovina il luogo.

Esempio di produzione 🎧 03

Studente A (bendato): E adesso?
Studente B: Avanti avanti avanti, ferma.
Studente C: Gira a destra.
B: Avanti un po'.
A (bendato): E adesso?
C: Ancora un po' avanti.
A (bendato): E adesso?
B: Adesso continua ancora un po'! [...]
[Lo studente A arriva a destinazione.]
Studente D (destinazione): "Ecco il mazzo di rose e tulipani!"
A (bendato): Il fioraio!
[Applauso e scambio di ruoli.]

BAR
"Ecco il Suo caffè macchiato!"

RISTORANTE
"Ecco le lasagne e la bottiglia di vino!"

FIORAIO
"Ecco il mazzo di rose e tulipani!"

EDICOLA
"Ecco il giornale di oggi e le parole crociate!"

STAZIONE
"Il treno regionale 1211 per Roma arriverà con cinque minuti di ritardo."

TABACCHERIA
"Ecco il pacchetto di sigarette e l'accendino!"

OSPEDALE
"Buongiorno Signora, le presento il Dottor Rimedi."

FERMATA DELL'AUTOBUS
"Mi scusi, il 20 passa di qui?"

FARMACIA
"Ecco l'aspirina per il mal di testa e lo sciroppo per la tosse."

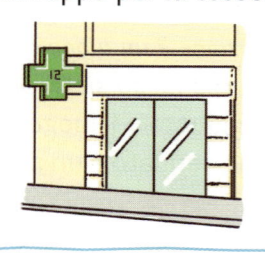

SUPERMERCATO
"Bip bip bip bip. Sono 34,20 euro prego."

MUSEO
"Un biglietto per la visita guidata costa 25 euro."

HOTEL
"Il check-out è alle dieci di mattina."

GELATERIA
"Ecco il Suo gelato banana e cioccolato!"

PASTICCERIA
"Per quante persone è la torta?"

LIBRERIA
"L'ultimo libro di Elena Ferrante costa 14 euro."

PANIFICIO
"Ecco a Lei il pane e la focaccia!"

© Loescher Editore 2021

© Loescher Editore 2021

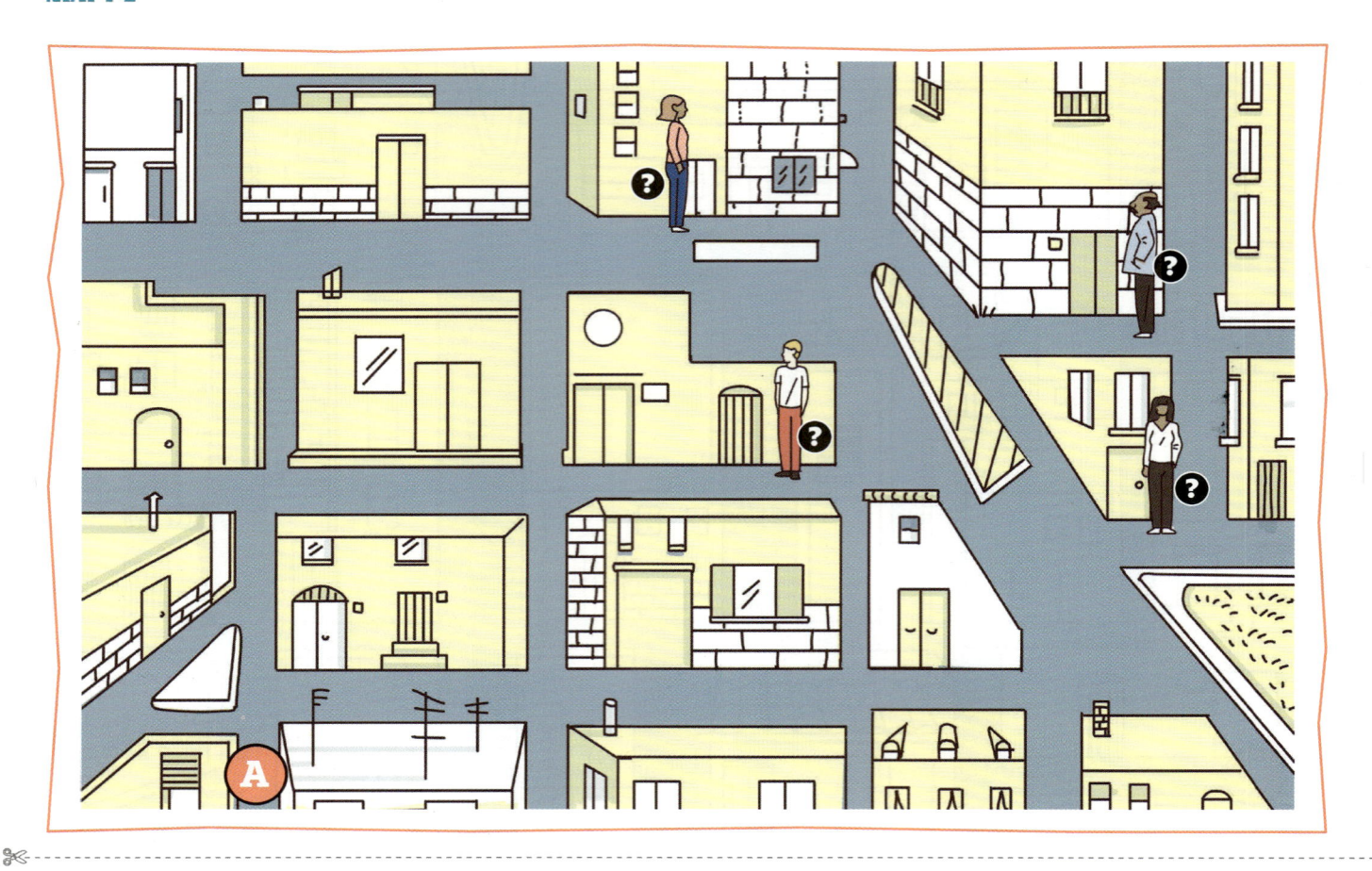

© Loescher Editore 2021

 # Rosso di sera, bel tempo si spera

A1/A2  GRUPPI

 GRAMMATICA
Coniugazione dei verbi che descrivono il tempo atmosferico.

 LESSICO
Tempo atmosferico; giorni della settimana; temperatura (numeri); orari; nomi di città e località italiane.

 FUNZIONI COMUNICATIVE
Parlare del tempo atmosferico e delle differenze climatiche tra alcune città italiane.

Materiali e preparazione

- **Tessere-meteo** → predisporre una Tessera per ogni studente
- **Elementi linguistici utili** → predisporre una copia per ogni studente o copiare alla lavagna

 ## È ora di parlare

Lo scopo di questa attività è fare una conversazione di almeno tre minuti sul tempo atmosferico nelle diverse città italiane.

L'insegnante divide la classe in gruppi di **quattro** o **cinque** studenti. Ogni studente sceglie **una città italiana** che vuole visitare, che sia diversa da quelle scelte dagli altri membri del suo gruppo. Poi riceve una **Tessera-meteo** che deve compilare con le **previsioni del tempo** per oggi e domani della città che vuole visitare (vedi **Tessera-esempio** nei materiali). Per farlo, gli studenti possono inventare le informazioni o fare una ricerca online e inserire informazioni reali. Nel frattempo, l'insegnante copia alla lavagna (o fotocopia e distribuisce) gli **Elementi linguistici utili** e specifica che gli studenti potranno usarne le espressioni nel corso della conversazione.

Terminata questa fase di preparazione, spiega: *Siete appena arrivati all'aeroporto e state per partire per una città italiana. Ogni gruppo parla a turno: i membri del gruppo confrontano le loro destinazioni e il tempo meteorologico che le riguarda. Gli altri gruppi ascoltano attentamente perché si tratta di una* **sfida**: *il gruppo nel quale tutti i membri riescono a parlare senza sosta per almeno tre minuti delle loro destinazioni e che si ricordano anche tutte le destinazioni del gruppo che ha parlato prima di loro vince. Il primo gruppo deve ricordare le destinazioni dell'ultimo gruppo.*

Esempio di produzione

Studente A: Salve.
Studente B: Ciao.
Studente C: Buongiorno.
Studente D: Andate tutti in Italia?
A: Eh sì... Io vado a Venezia, e tu?
D: Bella Venezia! Eh no, io vado a Torino.
B: Io vado a Bologna, è la prima volta!
C: Tutti a Nord, eh?! Io vado a Palermo, lì fa caldo. Le previsioni dicono che oggi ci sono 25 gradi e c'è il sole: perfetto!
B: Ah sì?! Che bello. Oggi a Bologna è prevista pioggia...
D: A Torino c'è un temporale, sai? Fa freddo. Oggi ci sono 14 gradi e domani dicono che ci sono 2 gradi in meno... la temperatura arriva a 12 gradi!
A: Eh... il Nord è più freddo. Per fortuna che a Venezia dicono che oggi è bello e c'è il sole. Sono previsti 18 gradi. Non male!
D: E a Bologna, che temperatura c'è oggi?
B: Mmmh... oggi ci sono 15 gradi. Ma domani è bello, dicono. Sono previsti sole e 18 gradi!
[La conversazione continua per più tempo possibile.]

TESSERA-ESEMPIO

Città	Bologna
Provincia	BO
Posizione	☒ Nord ☐ Centro ☐ Sud ☐ Isole

Oggi	Temperatura: 15 °C
	Previsione: ☐☀️ ☐⛅ ☒🌧️ ☐⛈️ ☐🌬️ ☐❄️

Domani	Temperatura: 18 °C
	Previsione: ☒☀️ ☐⛅ ☐🌧️ ☐⛈️ ☐🌬️ ☐❄️

Città	....
Provincia	....
Posizione	☐ Nord ☐ Centro ☐ Sud ☐ Isole

Oggi	Temperatura: ....
	Previsione: ☐☀️ ☐⛅ ☐🌧️ ☐⛈️ ☐🌬️ ☐❄️

Domani	Temperatura: ....
	Previsione: ☐☀️ ☐⛅ ☐🌧️ ☐⛈️ ☐🌬️ ☐❄️

Città	....
Provincia	....
Posizione	☐ Nord ☐ Centro ☐ Sud ☐ Isole

Oggi	Temperatura: ....
	Previsione: ☐☀️ ☐⛅ ☐🌧️ ☐⛈️ ☐🌬️ ☐❄️

Domani	Temperatura: ....
	Previsione: ☐☀️ ☐⛅ ☐🌧️ ☐⛈️ ☐🌬️ ☐❄️

Città	....
Provincia	....
Posizione	☐ Nord ☐ Centro ☐ Sud ☐ Isole

Oggi	Temperatura: ....
	Previsione: ☐☀️ ☐⛅ ☐🌧️ ☐⛈️ ☐🌬️ ☐❄️

Domani	Temperatura: ....
	Previsione: ☐☀️ ☐⛅ ☐🌧️ ☐⛈️ ☐🌬️ ☐❄️

Città	....
Provincia	....
Posizione	☐ Nord ☐ Centro ☐ Sud ☐ Isole

Oggi	Temperatura: ....
	Previsione: ☐☀️ ☐⛅ ☐🌧️ ☐⛈️ ☐🌬️ ☐❄️

Domani	Temperatura: ....
	Previsione: ☐☀️ ☐⛅ ☐🌧️ ☐⛈️ ☐🌬️ ☐❄️

Città	....
Provincia	....
Posizione	☐ Nord ☐ Centro ☐ Sud ☐ Isole

Oggi	Temperatura: ....
	Previsione: ☐☀️ ☐⛅ ☐🌧️ ☐⛈️ ☐🌬️ ☐❄️

Domani	Temperatura: ....
	Previsione: ☐☀️ ☐⛅ ☐🌧️ ☐⛈️ ☐🌬️ ☐❄️

© Loescher Editore 2021

ESPRESSIONI PER PARLARE DEL TEMPO

- Le previsioni dicono che...
- Si prevede + *nome al singolare (ad es.* un temporale, una tempesta di neve *ecc.).*
- Si prevedono + *nome al plurale (ad es.* 25 gradi, piogge forti *ecc.).*
- Dicono che oggi / domani...
- C'è il sole / Piove / Tira vento / C'è un temporale / Grandina / Nevica / Il tempo è variabile / È nuvoloso / Fa caldo / Fa freddo / Fa bello (Fa bel tempo) / Fa brutto (Fa brutto tempo) *ecc.*
- Ci sono 18 / 25 / 38 / ... gradi

ESPRESSIONI PER PARLARE DEL TEMPO

- Le previsioni dicono che...
- Si prevede + *nome al singolare (ad es.* un temporale, una tempesta di neve *ecc.).*
- Si prevedono + *nome al plurale (ad es.* 25 gradi, piogge forti *ecc.).*
- Dicono che oggi / domani...
- C'è il sole / Piove / Tira vento / C'è un temporale / Grandina / Nevica / Il tempo è variabile / È nuvoloso / Fa caldo / Fa freddo / Fa bello (Fa bel tempo) / Fa brutto (Fa brutto tempo) *ecc.*
- Ci sono 18 / 25 / 38 / ... gradi

ESPRESSIONI PER PARLARE DEL TEMPO

- Le previsioni dicono che...
- Si prevede + *nome al singolare (ad es.* un temporale, una tempesta di neve *ecc.).*
- Si prevedono + *nome al plurale (ad es.* 25 gradi, piogge forti *ecc.).*
- Dicono che oggi / domani...
- C'è il sole / Piove / Tira vento / C'è un temporale / Grandina / Nevica / Il tempo è variabile / È nuvoloso / Fa caldo / Fa freddo / Fa bello (Fa bel tempo) / Fa brutto (Fa brutto tempo) *ecc.*
- Ci sono 18 / 25 / 38 / ... gradi

ESPRESSIONI PER PARLARE DEL TEMPO

- Le previsioni dicono che...
- Si prevede + *nome al singolare (ad es.* un temporale, una tempesta di neve *ecc.).*
- Si prevedono + *nome al plurale (ad es.* 25 gradi, piogge forti *ecc.).*
- Dicono che oggi / domani...
- C'è il sole / Piove / Tira vento / C'è un temporale / Grandina / Nevica / Il tempo è variabile / È nuvoloso / Fa caldo / Fa freddo / Fa bello (Fa bel tempo) / Fa brutto (Fa brutto tempo) *ecc.*
- Ci sono 18 / 25 / 38 / ... gradi

5 L'erba del vicino

 **A1/A2**   **COPPIE**

 **GRAMMATICA**
Frasi affermative e interrogative in 3ª persona singolare.

 **LESSICO**
Nazionalità; animali domestici; strumenti musicali; professioni; problemi di salute; mezzi di trasporto; sport e passatempi.

 **FUNZIONI COMUNICATIVE**
Parlare di altre persone.

Materiali e preparazione

- **Scheda-A** e **Scheda-B** → predisporre una Scheda per ogni studente
- **(iw) Scheda personalizzabile** → nel caso l'insegnante voglia personalizzare l'attività

È ora di parlare

Lo scopo di questa attività è completare le informazioni mancanti sui vicini di casa presentati nelle Schede attraverso domande e risposte.

Gli studenti si dispongono **in piedi**, a **coppie**. L'insegnante consegna una Scheda diversa a ciascuno degli studenti di ogni coppia (**Scheda-A** e **Scheda-B**).

Con un sottofondo musicale o senza, l'insegnante spiega: *Siamo in Italia, in un grande, vecchio palazzo con un ascensore un po' lento. I due studenti di ogni coppia entrano nell'ascensore condominiale che dall'ultimo piano, nel quale si trovano i due appartamenti in cui vivono, li porterà fino al piano terra. Durante il viaggio in ascensore gli studenti parlano tra loro degli altri vicini di casa, che abitano negli appartamenti numerati. **Ognuno sa qualcosa che l'altro non sa** (ricavate le informazioni dagli indizi sulla vostra Scheda, che riguardano questi argomenti: nazionalità, animali domestici, strumenti musicali, professione, problemi di salute, mezzi di trasporto usati e sport praticati). Poi completate le informazioni che mancano sulla vostra Scheda ascoltando le risposte del vostro compagno. Potete completare la Scheda sia scrivendo le informazioni sia rappresentandole con un disegno.*

Se l'attività è organizzata in forma di **sfida**, l'insegnante può assegnare la vittoria alla coppia che completa le due Schede in meno tempo.

Esempio di produzione 05

[Lo studente A e lo studente B entrano in ascensore.]
Studente A: Ciao.
Studente B: Buongiorno.
A: Tu conosci la persona che abita al numero 13?
B: Sì, la signora Cesira.
[Lo studente A scrive "Cesira" vicino all'immagine della vicina che abita al numero 13.]
A: E Cesira è italiana?
B: Sì, sì.

[Lo studente A scrive "italiana" vicino all'immagine, o fa un disegno della bandiera italiana.]
A: Ha degli animali domestici?
B: Ha un serpente...
A: Un serpente?? Mamma mia!!
[Lo studente A scrive "serpente" vicino all'immagine, o fa un disegno di un serpente.]
B: Sì, ma è un serpente buono...
A: Va bene! E Cesira suona uno strumento musicale?

B: No, non credo.
A: Sai che lavoro fa?
B: Certo: è una cuoca in pensione. Cucina benissimo!
[Lo studente A scrive "cuoca in pensione" vicino all'immagine, o fa un disegno di una cuoca.]
A: Che persona interessante!
B: Sì, è vero! E tu conosci la persona che abita al numero 14?
A: Ma certo, è...
[...]

ASCENSORE

13

14
nome: Marco
italiano
pappagallo
gamba rotta

15
nome: Magdalena
polacca
coniglio
Ferrari

16

9
nome: Ivan
italiano
pianoforte
nuoto

10

11

12
nome: Ernesto
argentino
violino
vespa

5

6
nome: Federica
italiana
tartaruga
yoga

7
nome: Ahmad
egiziano
dj di musica elettronica
Cantante

8

1
nome: Bilal
siriano
cane
sordo

2

3

4
nome: Alice
italiana
pesci rossi
studentessa

ASCENSORE

13 nome: Cesira
italiana
serpente
cuoca (in pensione)

14 ....
....
....

15 ....

16 nome: Coumilah
mauriziana
criceto
sci

9 ....
....
....

10 nome: Concetta
italiana
ukulele
dottore

11 nome: Giulio
italiano
armonica
allergia

12 ....
....
....

5 nome: Ana
rumena
chitarra
bicicletta

6 ....
....
....

7 ....
....
....

8 nome: Suliman
senegalese
batteria
mal di schiena

1 ....
....
....

2 nome: Pina
italiana
gatti
Cinquecento

3 nome: Mario
italiano
alpinismo
sax

4 ....
....
....

© Loescher Editore 2021

6 Occhio di lince

A1/A2 **COPPIE**

a **GRAMMATICA**
Domande semplici in
3ª persona singolare
con *essere*, *avere* e altri
verbi regolari; *servire*
a/per + infinito.

LESSICO
Aggettivi e loro
contrari per
descrivere oggetti;
nomi di alcune
professioni.

FUNZIONI COMUNICATIVE
Chiedere e descrivere
le caratteristiche fisiche
e la funzione di oggetti.

Materiali e preparazione

- **Scheda-A** e **Scheda-B** → predisporre una Scheda per ogni studente
- **Gettone bonus** → predisporre un Gettone per ogni studente

 ## È ora di parlare

Lo scopo di questa attività è trovare le differenze tra due immagini simili descrivendole.

L'insegnante divide la classe in **coppie** e consegna a ogni studente della coppia una delle due **Schede** e un **Gettone bonus**.

Poi spiega: *Avete due immagini molto simili, ma non uguali. Tra le due immagini ci sono, infatti, **16 differenze** che dovete trovare. Senza farla vedere al compagno, descrivete la vostra immagine e ascoltate il compagno descrivere la sua. Ogni coppia può usare due Gettoni bonus "Come si chiama questo oggetto?": alzate la mano, consegnate il Gettone e io vi dico il nome dell'oggetto in italiano.*

Se l'attività è organizzata in forma di **sfida**, vince la coppia che per prima riesce a individuare le 16 differenze o che ne trova di più nel tempo stabilito dall'insegnante (ad es. dieci minuti).

Esempio di produzione

Studente A: Di chi vuoi parlare?
Studente B: Del musicista.
A: Va bene! Il mio musicista suona una chitarra...

B: No! Il mio suona un sassofono!
A: Ecco la prima differenza! Fantastico! E vicino al mio musicista c'è un cappello...

B: Sì, con dentro delle monete...
A: No, senza monete!
B: Ecco la seconda differenza! Benissimo! [...]

Come si chiama questo oggetto?

© Loescher Editore 2021

Come
si chiama
questo
oggetto?

7 Elementare, Watson

 A1/A2  **INDIVIDUALE**

 GRAMMATICA
Ci + essere; preposizioni semplici e articolate; *servire a/per* + infinito.

LESSICO
Ambienti della casa; mobili; oggetti; espressioni per indicare la posizione nello spazio; professioni.

 FUNZIONI COMUNICATIVE
Descrivere le stanze di una casa e il loro contenuto.

Materiali e preparazione

- **Tessere-stanza** → predisporre le Tessere per lo studente
- **Elementi linguistici utili** e **Lessico utile** → predisporre una copia per lo studente
- **iW** **Tessere-stanza, Elementi linguistici utili** e **Lessico utile online** → per lezione a distanza
- **iW** **Tessere-stanza personalizzabili** → nel caso l'insegnante voglia personalizzare l'attività

 È ora di parlare

Lo scopo di questa attività è descrivere gli oggetti presenti in una stanza e capire il lavoro di chi la utilizza.

L'insegnante condivide con lo studente una **Tessera-stanza**. Inoltre, fornisce gli **Elementi linguistici utili** e il **Lessico utile** e specifica che lo studente potrà usarne le espressioni nel corso della conversazione.

Poi spiega: *Siamo due **investigatori privati**. Stiamo facendo delle indagini importanti e abbiamo una lista di **sospetti**. Io sono l'investigatore-capo e tu sei il mio assistente. Mi aiuti a risolvere i casi più difficili. Devi guardare l'immagine che ti mostro, **descrivere** che cosa vedi nella stanza e dire **che lavoro fa** il nostro sospetto secondo te.*
L'insegnante può fare domande precise per guidare lo studente. Quando lo studente individua la professione di un sospetto, l'insegnante condivide un'altra immagine e così via.

Esempio di produzione

Insegnante: Che cosa vedi qui?
Studente: Ehm... è una cucina, vedo una cucina.
I: Ok, bene. Che cosa c'è dentro la cucina?
S: C'è un grande tavolo, ci sono delle sedie...
I: Quante sedie ci sono?
S: Ci sono quattro sedie.

I: D'accordo. Adesso dimmi che cosa c'è sopra il tavolo.
S: Sopra il tavolo c'è un grande pollo arrosto, una bottiglia di vino e dei bicchieri.
I: Bene! Adesso dimmi cosa c'è a destra della cucina.
S: A destra c'è un att... attacca...
I: Un attaccapanni?

S: Sì, ecco, un attaccapanni con un cappello da chef e un vestito da chef.
I: Ok, benissimo! Quindi, di chi è questa cucina?
S: Elementare, Watson! Di un cuoco!
I: Interessante! Passiamo al prossimo sospetto...

© Loescher Editore 2021

PREPOSIZIONI DI LUOGO

- sopra…
- sotto…
- davanti a…
- dietro a…
- di fronte a…
- vicino a…
- tra… e…

C'È E CI SONO

- *C'è* si usa con un soggetto singolare.
  C'è un libro sopra il tavolo.
  C'è un gatto sotto il tavolo.

- *Ci sono* si usa con un soggetto plurale.
  Ci sono due poltrone davanti al televisore.

LESSICO UTILE

- l'aragosta
- l'attaccapanni
- l'automobile
- la bottiglia di vino
- il calice per il vino
- il caminetto
- il cappello da chef
- la cassetta degli attrezzi
- la cassettiera
- il cavalletto
- la chiave inglese
- il cofano
- il coltello
- il computer portatile
- le cuffie per la musica
- la custodia del violino
- la doccia
- la foto
- il fuoco
- il lavandino
- il leggio
- il libro
- la luce al neon
- le luci professionali
- la macchina fotografica
- il mestolo
- il motore
- il muro
- l'obiettivo della macchina fotografica
- gli occhiali
- il pentolino
- il pesce
- le piastrelle
- il pollo
- la poltrona
- la porta
- il poster
- il quadro
- la rete da pesca
- la sedia
- lo spartito
- lo stereo
- il tappeto
- il tavolo
- la tenda per la doccia
- la tessera della biblioteca
- la vasca da bagno
- il vestito da chef
- il violino
- lo zaino

© Loescher Editore 2021

8 Ti prometto mari e monti

A1/A2   **INDIVIDUALE**

GRAMMATICA
Coniugazione in 2ª persona singolare di semplici verbi regolari e irregolari.

FUNZIONI COMUNICATIVE
Organizzare e promuovere una giornata di vacanza; parlare di orari.

LESSICO
Routine quotidiana; attività tipiche in vacanza (visita guidata, presentazione ecc.); verbi relativi alle vacanze (*prenotare*, *visitare*, *partire* ecc.).

Materiali e preparazione

- **Scheda-itinerari** → predisporre la Scheda per lo studente
-  **Scheda-itinerari online** → per lezione a distanza

È ora di parlare

Lo scopo di questa attività è spiegare a un cliente di un'agenzia di viaggi alcune proposte di viaggio e convincerlo a prenotarne una.

L'insegnante spiega: *Vorrei fare un **viaggio in Italia** e ho bisogno del tuo aiuto. Oggi sei un agente turistico: guarda la **Scheda-itinerari**: ci sono alcune **destinazioni** e delle **proposte di tour** che possono essere fatte in una mattina. Devi **presentarmi tutte le proposte** e **convincermi a prenotare** uno dei viaggi.*

Se c'è tempo, o se si ripete l'attività una seconda volta, lo studente può ampliare le proposte aggiungendo nelle righe vuote della Scheda-itinerari alcune attività pomeridiane, che può inventare o cercare su Internet.

Esempio di produzione

Insegnante: Buongiorno, vorrei prenotare un fine settimana in una città italiana.

Studente: Buongiorno! Ma certo! Ecco qui qualche possibilità per un weekend tutto italiano. Cominciamo con l'itinerario "I segreti del Ghetto veneziano". La sveglia è alle 8:00 in hotel, alle 8:30 fai colazione con caffè macchiato e pastina di riso, alle 9:30 prendi la gondola fino al Ghetto Vecchio, dove alle 10:30 fai una bella passeggiata e partecipi alla visita guidata di una sinagoga e del Museo Ebraico. Alle 13:30 fai un ottimo pranzo all'Osteria Cannaregio. Nel menù ci sono dei buonissimi bigoli in salsa! Per il pomeriggio, possiamo organizzare altro. E questo è il primo itinerario. Il secondo itinerario, invece, è "Alla scoperta delle torri bolognesi". Allora...
[...]

I SEGRETI DEL GHETTO VENEZIANO - 75 euro a persona

Programma	🕐	Descrizione
Sveglia	8:00	Sveglia in hotel
Colazione	8:30	Caffè macchiato e pastina di riso
Trasporto	9:30	In gondola fino al Ghetto Vecchio
Visita	10:30	*Il Ghetto Vecchio*: passeggiata nel Ghetto con visita guidata a una sinagoga e al Museo Ebraico
Pranzo	13:30	Osteria Cannaregio: bigoli in salsa e vino bianco
....	....	....
....	....	....

ALLA SCOPERTA DELLE TORRI BOLOGNESI - 55 euro a persona

Programma	🕐	Descrizione
Sveglia	7:30	Sveglia in albergo
Colazione	8:00	Cappuccino e pasta salata
Trasporto	9:00	In bicicletta fino in centro
Visita	10:00	*Le Due Torri*: presentazione delle Due Torri (Asinelli e Garisenda) e visita guidata alla Torre degli Asinelli con veduta panoramica dal terrazzo
Pranzo	12:30	Trattoria Balanzone: tagliatelle al ragù e vino rosso
....	....	....
....	....	....

FIRENZE E LA MAGIA DI PONTE VECCHIO - 60 euro a persona

Programma	🕐	Descrizione
Sveglia	9:00	Sveglia in bed & breakfast
Colazione	9:30	Caffè e cantucci
Trasporto	10:30	In autobus fino a Ponte Vecchio
Visita	11:00	*La storia di Ponte Vecchio*: visita a Ponte Vecchio con presentazione della storia e delle curiosità, e 30 minuti per lo shopping
Pranzo	14:00	Trattoria Arno Vecchio: bistecca alla fiorentina e vino rosso
....	....	....
....	....	....

© Loescher Editore 2021

UNA FONTANA TUTTA ROMANA - 50 euro a persona

Programma	🕐	Descrizione
Sveglia	8:30	Sveglia in hotel
Colazione	9:00	Caffè e cornetto
Trasporto	10:00	In metro fino a Piazza Navona
Visita	11:00	*La fontana dei quattro fiumi:* visita guidata alla Fontana di Piazza Navona con informazioni su storia e architettura
Pranzo	13:00	Trattoria Trastevere: rigatoni cacio e pepe e vino rosso
....	....	....
....	....	....

NAPOLI... VULCANICA! - 40 euro a persona

Programma	🕐	Descrizione
Sveglia	5:00	Sveglia in bed & breakfast
Colazione	5:30	Primo caffè e secondo caffè
Trasporto	6:30	In autobus fino al Vesuvio
Visita	9:00	*Vesuvio, il signore del fuoco:* visita guidata al cratere del vulcano Vesuvio
Pranzo	14:00	Pizzeria Totò: pizza napoletana e birra artigianale
....	....	....
....	....	....

9 Indovina indovinello

A2   CLASSE

GRAMMATICA
Si impersonale;
indicativo presente.

LESSICO
Luoghi della città
e attività che vi si
svolgono.

FUNZIONI COMUNICATIVE
Parlare di azioni comuni
e abitudini relative
a un luogo della città.

Materiali e preparazione

■ **Tessere-luogo** → predisporre una Tessera per ogni studente

 **Tessere-luogo personalizzabili** → nel caso l'insegnante voglia personalizzare l'attività

È ora di parlare

Lo scopo di questa attività è far indovinare ai compagni un luogo, dicendo le attività che vi si svolgono.
L'insegnante consegna una **Tessera-luogo** a ogni studente.

Poi spiega: *Dovete usare la vostra Tessera-luogo per fare un **indovinello** alla classe, raccontando quello che **si fa** nel posto rappresentato, senza però nominarlo. I vostri compagni devono indovinare di **quale luogo si tratta**. In ognuna delle vostre Tessere sono scritte alcune delle azioni che si fanno in quel luogo, leggetele, e poi, una alla volta, ditele alla classe facendo attenzione a trasformare i verbi all'infinito nella forma con il si impersonale: ad es. "fare una passeggiata" diventa "si fa una passeggiata". Il primo compagno che indovina il luogo, prende la parola e prosegue.*

Esempio di produzione

Studente A: Qual è il luogo dove si va di sera...
Studente B: Il ristorante!
A: No! Dove si sta al buio...
Studente C: Il teatro!

A: No! Dove si sta seduti per due ore...
Studente D: Un concerto! La sala concerti!
A: No! Dove non si parla con nessuno...
Studente E: Il teatro!

A: No, già detto! Dove si mangiano i pop-corn...?
Studente F: Ma è il cinema!
A: Esatto! Bravo!

CINEMA
- **andare** di sera
- **stare** al buio
- **stare** seduti per due ore
- **non parlare** con nessuno
- **mangiare** pop-corn

PARCO
- **prendere** aria fresca
- **fare** una passeggiata
- **correre**
- **portare** il cane
- **giocare** a calcio sull'erba

RISTORANTE
- **stare** in compagnia
- **guardare** la carta dei vini
- **ordinare** da mangiare
- **non pensare** a lavare i piatti
- **pagare** il conto

SCUOLA
- **mandare** i bambini
- **restare** tutta la mattina
- **imparare** le tabelline
- **studiare** storia e geografia
- **ascoltare** la maestra

MUSEO
- **scoprire** cose nuove
- **comprare** il catalogo
- **chiedere** se c'è un biglietto ridotto
- **visitare** con attenzione
- **consigliare** quando ti piace
- **vedere** opere d'arte e resti archeologici

FARMACIA
- **andare** per un problema di salute
- **fare domande** a qualcuno
- **raccontare** come ti senti e come stai
- **ascoltare** l'opinione dell'esperto
- **comprare** una medicina

FERMATA DELL'AUTOBUS
- **chiedere** indicazioni sul percorso
- **aspettare** l'arrivo di quello giusto
- **parlare** del tempo con altre persone
- **guardare** l'orario sulla tabella
- **salire** e **scendere**

DISCOTECA
- **andare** la notte
- **stare** quasi al buio
- **ascoltare** musica a tutto volume
- **prendere** qualcosa da bere
- **ballare** con gli amici

STAZIONE DEI TRENI
- **non poter** arrivare tardi
- **cercare** il binario corretto
- **controllare** orologi e tabelloni
- **prendere** un caffè al volo
- **salutare** con un fazzoletto

HOTEL
- **cercare** una stanza
- **fare** le scale
- **scendere** per la colazione
- **stare** una settimana o due
- **passare** la notte
- **pagare** il conto

EDICOLA
- **passare** davanti tutti i giorni
- **comprare** le parole crociate prima delle vacanze
- **guardare** che riviste ci sono
- **prendere** il giornale
- **pagare** e **dire**: "Arrivederci"

NEGOZIO DI VESTITI
- **entrare** a dare un'occhiata
- **guardare** colori e stili diversi
- **provare** una o due cose
- **guardare** la propria immagine allo specchio
- **comprare** o **andare** via

BAR
- **andare** la mattina
- **entrare** e **dire**: "Buongiorno a tutti"
- **fare** la fila alla cassa
- **stare** al banco o al tavolino
- **leggere** il giornale
- **bere** un caffè

TABACCHERIA
- **prendere** i biglietti dell'autobus
- **pagare** le bollette
- **acquistare** una cartolina
- **giocare** alla lotteria
- **comprare** le sigarette

PANIFICIO
- **andare** la mattina presto
- **sentire** un buon profumo
- **parlare** con gli altri clienti
- **comprare** un pezzo di focaccia
- **comprare** due ciabatte e tre panini ai cereali

GELATERIA
- **andare** quando fa caldo
- **fare** la fila
- **scegliere** uno, due o tre gusti
- **chiedere** un tovagliolo
- **prendere** cono o coppetta

MERCATINO DELL'USATO
- **cercare** un oggetto antico
- **trovare** qualcosa di speciale
- **spendere** poco
- **discutere** sul prezzo
- **comprare** una giacca di seconda mano

GIOIELLERIA
- **notare** che le vetrine sono molto pulite
- **vedere** delle casseforti
- **non toccare** niente
- **andare** prima di occasioni speciali
- **fare** un regalo a una persona importante

© Loescher Editore 2021

Un tanto al chilo

CLASSE

 **GRAMMATICA**
Ne partitivo; concordanza
di *quanto/-a/-i/-e*.

LESSICO
Nomi di pasti e altre
occasioni di convivialità;
ingredienti per ricette
specifiche.

FUNZIONI COMUNICATIVE
Chiedere e offrire ingredienti
per ricette di cucina.

Materiali e preparazione

- **Tessere-ricetta** → predisporre una Tessera per ogni studente
- **Tessere-ingrediente** → predisporre almeno quattro Tessere per ogni studente

È ora di parlare

Lo scopo di questa attività è procurarsi gli ingredienti necessari per preparare la ricetta assegnata.
L'insegnante consegna a ogni studente una **Tessera-ricetta** che descrive la ricetta che deve preparare
per un'occasione specifica e gli ingredienti necessari. La Tessera riporta anche quali sono i quattro ingredienti che mancano e che lo studente si deve procurare presso i compagni. Poi l'insegnante distribuisce agli studenti le **Tessere-ingrediente**, non meno di quattro a ognuno. Se uno studente riceve un
ingrediente che serve per la sua ricetta, prima dell'inizio dell'attività lo restituisce all'insegnante che
gliene dà un altro.
Terminata questa fase di preparazione, l'insegnante spiega: *Siamo in Italia, in un piccolo paese. Al centro
della piazza si affacciano le case dove abitate: siete **vicini di casa** e vi conoscete tutti. È domenica e i negozi sono
chiusi: un bel problema, perché ognuno di voi ha in mente di preparare qualcosa di buono da mangiare, ma a
ognuno **mancano quattro ingredienti**, come vedete nella vostra Tessera-ricetta. Per trovarli, visto che ognuno di
voi ha qualche ingrediente in più (guardate le vostre Tessere-ingrediente), dovete chiedere ai vostri vicini di casa.
Bussate alle loro porte, **chiedete se hanno uno degli ingredienti che vi mancano** e specificate **la quantità che
vi serve** (ad es. "Hai dei limoni?", "Sì. Quanti ne vuoi?", "Uno"). Se il vostro vicino ha l'ingrediente che vi serve, vi
offre la sua **Tessera-ingrediente**: attenzione però! **Ognuno di voi può chiedere e offrire non più di un ingrediente
allo stesso vicino.**
Se l'attività è organizzata in forma di **sfida**, vince lo studente che per primo riesce a recuperare tutti
gli ingredienti mancanti, o lo studente che, nel tempo stabilito dall'insegnante, riesce a recuperarne
di più.

Esempio di produzione

Studente A: Ciao! Scusa per il disturbo! Devo preparare una torta di mele per il caffè pomeridiano con le mie amiche, ma non ho tutti gli ingredienti. Hai dei limoni a casa?

Studente B: Sì! Quanti ne vuoi?
A: Uno, per favore.
B: Ecco! *[Porge la Tessera con il limone.]* Io devo preparare un aperitivo per gli amici, ma non ho olive verdi. Tu ne hai?

A: No, mi dispiace! Ciao!
B: Grazie lo stesso! Ciao!
[Gli studenti cambiano interlocutori e la conversazione continua.]

Aperitivo con gli amici: **TAGLIERE MISTO**

Ingredienti: taralli, olive verdi, olive nere, bruschette, prosciutto, formaggio, pizzette

Da chiedere ai vicini:
- un pacco di taralli
- due barattoli di olive verdi
- un po' di pane per le bruschette

Cena in famiglia: **LASAGNE**

Ingredienti: uova, farina, carne macinata, carote, sedano, cipolla, pomodoro, besciamella

Da chiedere ai vicini:
- due uova
- una chilo di farina
- una cipolla

Pranzo in famiglia: **TORTA SALATA**

Ingredienti: pasta sfoglia, ricotta, spinaci, uovo, noce moscata, latte, sale, pepe nero

Da chiedere ai vicini:
- un po' di noce moscata
- mezzo litro di latte
- un po' di sale
- un po' di pepe nero latte

Picnic con gli amici: **PASTA FREDDA**

Ingredienti: pasta corta, pomodorini, mozzarella, zucchine, carote, basilico, timo, menta

Da chiedere ai vicini:
- due mozzarelle
- una carota
- un po' di basilico

Picnic al parco: **INSALATA DI RISO**

Ingredienti: riso, tonno, capperi, olive nere, cipolline, cetriolini sottaceto, piselli, olio extra vergine di oliva

Da chiedere ai vicini:
- due scatolette di tonno
- un barattolo di olive nere
- un po' di olio extra vergine di oliva

Caffè a casa con gli amici: **TORTA DI MELE**

Ingredienti: mele, farina, uova, zucchero, limone, burro, latte, lievito

Da chiedere ai vicini:
- due mele
- un po' di zucchero
- un limone

© Loescher Editore 2021

TESSERE·INGREDIENTE

© Loescher Editore 2021

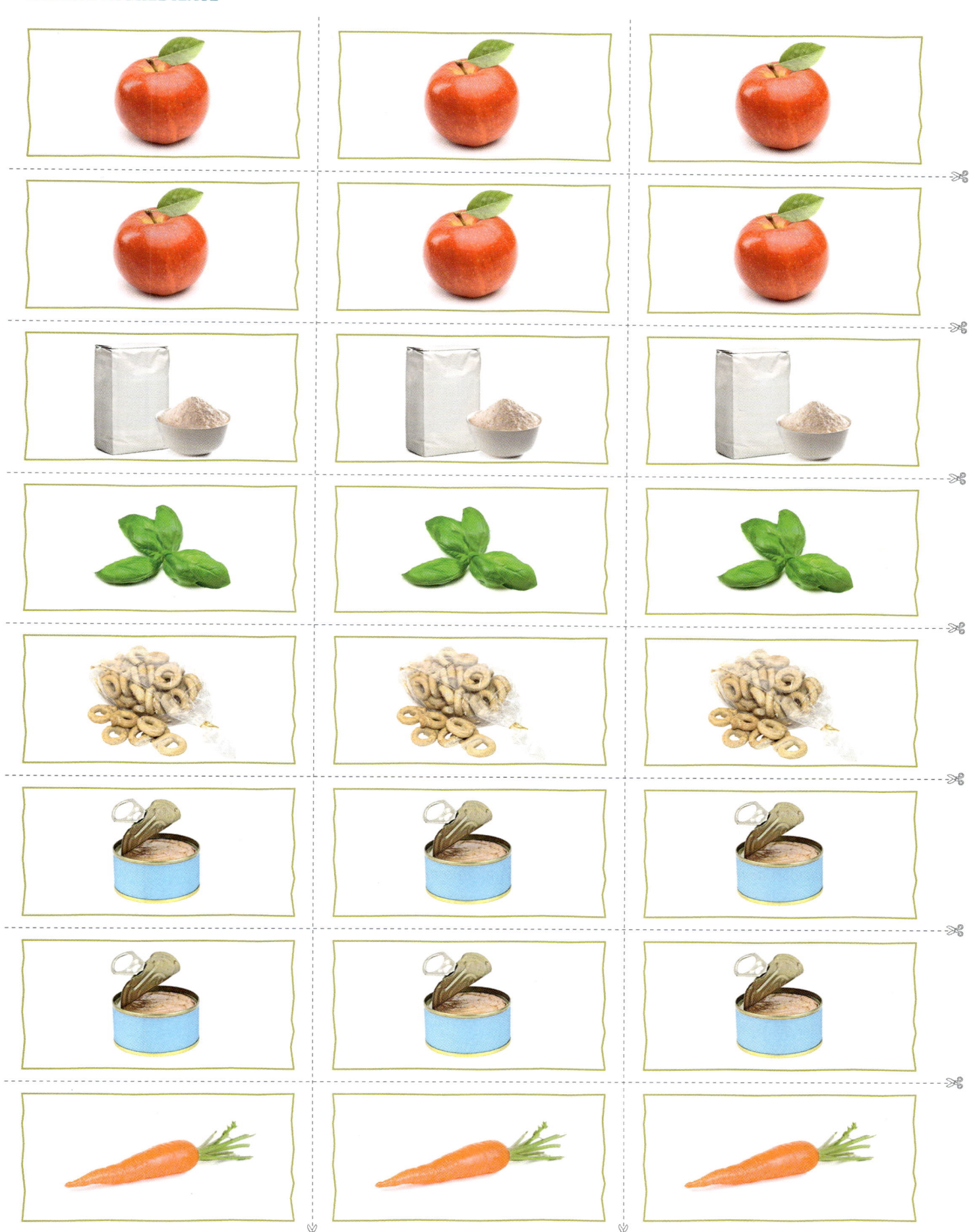

11 Sorvegliati speciali

GRAMMATICA
Stare + gerundio.

FUNZIONI COMUNICATIVE
Descrivere azioni in corso
di svolgimento.

LESSICO
Lessico relativo a museo,
banca, gioielleria,
ristorante, supermercato,
autosalone.

Materiali e preparazione

■ **Tessere-furto** → predisporre una Tessera per ogni gruppo

 ## È ora di parlare

Lo scopo di questa attività è descrivere le azioni di due ladri che tentano di compiere un furto.
L'insegnante divide la classe in gruppi da **quattro** studenti e dà a ciascun gruppo una **Tessera-furto**.
Poi spiega: *In ogni gruppo ci sono **due poliziotti e due ladri**. I poliziotti **sorvegliano** i ladri con delle telecamere segrete, e stanno nascosti fuori dal luogo indicato sulla Tessera. I ladri entrano nel luogo per **rubare** qualcosa. I poliziotti sono in collegamento telefonico con la stazione di polizia e, a turno, informa il loro superiore di tutto quello che stanno facendo i due ladri usando il verbo **stare con il gerundio**: ad es. "Adesso i due ladri stanno entrando nel museo...", "In questo momento stanno andando verso la biglietteria...", "Ora stanno comprando due biglietti...". Guardate gli indizi sulla Tessera e preparate una scenetta dove **i due ladri mimano le azioni** (senza parlare) e **i due poliziotti le descrivono al loro superiore "in diretta"**. Quando i ladri stanno per compiere il furto, i due poliziotti descrivono l'azione e poi dicono: "Andiamo ad arrestarli!"*
Alla fine, ogni gruppo si esibisce nella scenetta, senza guardare la Tessera.
Se l'attività è organizzata in forma di **sfida**, vincono i gruppi la cui scenetta comprende tutte le indicazioni della Tessera nella sequenza corretta. Poi, si invertono i ruoli all'interno di ogni gruppo.

Esempio di produzione

[I due studenti-ladri mimano l'azione di aprire una porta.]
Poliziotto A: Ecco... I due ladri stanno entrando nelle Gallerie degli Uffizi...
[I due studenti-ladri mimano l'azione di comprare due biglietti.]

Poliziotto B: Adesso stanno comprando due biglietti per visitare le Gallerie...
[I due studenti-ladri mimano l'azione di togliersi i cappotti.]
Poliziotto A: Ora stanno lasciando i cappotti nel guardaroba...

[...]
[I due studenti-ladri mimano l'azione di avvicinarsi molto al quadro.]
Poliziotto B: Si stanno avvicinando molto al quadro... Si stanno avvicinando troppo al quadro! Andiamo ad arrestarli!

FURTO 1 Tentativo di furto del quadro *La nascita di Venere* di Botticelli alle Gallerie degli Uffizi a Firenze

1. entrare nel museo

2. comprare due biglietti

3. lasciare i cappotti nel **guardaroba**

4. comprare due audioguide

5. salire le scale

6. chiedere informazioni al **custode**

7. entrare nella sala dove c'è il quadro

8. aspettare in **coda**

9. ammirare il quadro

10. avvicinarsi un po' troppo al quadro

FURTO 2 Tentativo di furto di un milione di euro alla Cassa di Risparmio di Cagliari

1. coprire la faccia con un **passamontagna**

2. entrare nella banca

3. tirare fuori le armi

4. cercare la **cassaforte**

5. entrare negli uffici del direttore

6. guardare con gioia la cassaforte

7. provare ad aprirla

8. **litigare** tra loro

9. prendere il telefono

10. guardare su YouTube le istruzioni per aprire una cassaforte

FURTO 3   **Tentativo di furto di un collier d'oro alla "Gioielleria Italia" di Catania**

1. guardare la vetrina della **gioielleria**

2. suonare il **campanello**

3. aprire la porta ed entrare

4. salutare il commesso

5. guardare i gioielli in mostra

6. chiedere di vedere un bracciale

7. chiedere di vedere un paio di orecchini

8. chiedere di vedere il **collier**

9. provare il collier

10. avvicinarsi alla porta con il collier

FURTO 4   **Tentativo di furto dell'incasso della giornata al Ristorante 2 stelle Michelin "Il gusto giusto" di Mantova**

1. guardare il menù in **vetrina**

2. aprire la porta ed entrare nel ristorante

3. dare le giacche al cameriere

4. scegliere un tavolo

5. sedersi

6. ordinare da bere e da mangiare dal menù

7. bere un bicchiere di vino raffinato

8. mangiare gli spaghetti dello chef

9. avvicinarsi un po' troppo alla **cassa** per pagare

© Loescher Editore 2021

FURTO 5 Tentativo di furto di una preziosa forma di parmigiano reggiano 48 mesi nel supermercato di Parma

1. entrare al supermercato

2. fare tutto il giro del supermercato

3. entrare nel **magazzino**

4. mettere le scarpe da lavoro

5. mettere la camicia bianca da lavoro

6. mettere i pantaloni da lavoro

7. cercare il **banco dei formaggi**

8. assistere dei clienti che comprano formaggio

9. Avvicinarsi con una mano e poi con due mani alla forma di **parmigiano reggiano**

FURTO 6 Tentativo di furto di una Lamborghini Aventador dall'autosalone "Auto Romana" di Roma

1. parcheggiare nel parcheggio di "Auto Romana"

2. entrare nell'**autosalone**

3. camminare tra le automobili

4. guardare con interesse la Lamborghini Aventador

5. chiedere all'impiegato di fare un giro nel parcheggio

6. mostrare una **patente** falsa

7. mostrare una carta di credito falsa

8. prendere le chiavi dall'impiegato

9. salire in macchina

10. uscire dal parcheggio **a tutto gas**

© Loescher Editore 2021

12 Casa dolce casa!

GRAMMATICA
Ci + essere; preposizioni semplici e articolate; frasi affermative e interrogative all'indicativo presente con essere e avere e altri verbi.

FUNZIONI COMUNICATIVE
Fare domande e dare risposte sulle caratteristiche di un'abitazione; esprimere apprezzamento e disapprovazione.

LESSICO
Abitazioni.

Materiali e preparazione

- **Scheda-clienti** → predisporre una Scheda per ogni studente-cliente
- **Scheda-agente** → predisporre una Scheda per ogni gruppo
- **Elementi linguistici utili** → predisporre una copia per ogni studente-cliente
- (iw) **Scheda-agente personalizzabile** → nel caso l'insegnante voglia personalizzare l'attività

 ## È ora di parlare

Lo scopo di questa attività è simulare la conversazione tra un agente immobiliare e due clienti che cercano una casa da prendere in affitto.

L'insegnante divide la classe in gruppi di **tre** studenti: in ogni gruppo uno studente fa la parte dell'**agente immobiliare** e gli altri due quella di **clienti** in cerca di una nuova casa da affittare. I due clienti, innanzitutto, stabiliscono qual è il genere di relazione che li lega. Per facilitare la scelta, l'insegnante può scrivere alcune opzioni alla lavagna. Poi i due clienti decidono quale tipo di casa fa per loro e compilano la **Scheda-clienti**. Nel frattempo, l'agente immobiliare riceve la **Scheda-agente**, nella quale sono contenute le informazioni sulle abitazioni disponibili per l'affitto trattate dalla sua agenzia immobiliare. A questo punto, l'insegnante distribuisce agli studenti-clienti e agli studenti-agenti gli **Elementi linguistici utili** e specifica che potranno usarne le espressioni nel corso della conversazione. Terminata questa fase di preparazione, spiega: *Gli studenti-clienti vanno all'agenzia immobiliare dello studente-agente, che li riceve e pone loro delle **domande** per capire che tipo di casa stanno cercando. Lo studente-agente individua non più di **tre abitazioni**, illustra le caratteristiche di ognuna e risponde alle domande dei clienti. Alla fine, gli studenti-clienti decidono se prendere in affitto una delle abitazioni oppure no, e spiegano il perché. Quando hanno concluso si scambiano i ruoli e si continua finché tutti gli studenti hanno ricoperto il ruolo dell'agente immobiliare.*

Esempio di produzione

[I due studenti hanno scelto di essere due studenti universitari.]
Agente: Buongiorno! Prego?
Cliente A: Buongiorno! Siamo due studenti universitari e cerchiamo una casa in affitto.
A: Preferite una casa in centro, in periferia o in campagna?
Cliente B: La casa che cerchiamo deve essere in centro, vicino all'università.
A: Volete una casa piccola o grande? Quanti metri quadrati?
CA: Deve essere una casa piccola. 50 metri quadrati al massimo.
A: Ho un appartamento bellissimo, in centro città, proprio vicino alla piazza.
CA: Mmm... Interessante. Quante camere da letto ha?

A: Due, e un bel bagno con la vasca.
CB: E quanto costa al mese?
A: Solo 500 €!
CA: No, al mese possiamo spendere 450 € al massimo.
A: Allora ho la casa perfetta per voi!
CB: Ah sì? E dov'è?
A: È un container riadattato, in centro, di fronte al Parco Garibaldi.
[...]

LA CASA CHE CERCHIAMO...

Dove deve essere?	(centro città, periferia, campagna, mare, montagna, fiume) ....
Quanto deve essere grande?	.... metri quadri circa
Quante camere da letto ci devono essere?	(1, 2, 3, 4...) ....
Quanti bagni ci devono essere?	(1, 2, 3, 4...) ....
Tutti i bagni devono avere le finestre?	☐ sì ☐ no
Deve avere un bel terrazzo?	☐ sì → ☐ piccolo ☐ grande ☐ no
Deve avere anche un bel giardino?	☐ sì ☐ no
Deve avere un parcheggio privato?	☐ sì ☐ no
Quanto possiamo spendere al mese?	.... €/mese al massimo
Deve essere luminosa?	☐ sì ☐ no
Deve essere silenziosa?	☐ sì ☐ no
Deve avere una connessione a Internet veloce?	☐ sì ☐ no
Deve avere le scale o l'ascensore?	scale → ☐ sì ☐ no ascensore → ☐ sì ☐ no

APPARTAMENTO

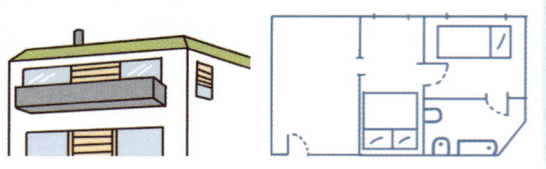

In centro vicino alla piazza principale della città, 60 mq, due camere da letto con il parquet, un bagno con la vasca, poco luminoso ma molto silenzioso, terzo piano senza ascensore, no giardino, no parcheggio privato, no terrazzo, no animali, Internet super veloce, 500 €/mese.

VILLETTA A SCHIERA

In periferia, 150 mq, tre camere da letto con grandi finestre, due bagni (uno grande con la vasca e uno piccolo con la doccia), molto luminosa ma posizionata vicino all'autostrada, su due piani, piccolo giardino con piante e fiori, parcheggio privato (garage), terrazzo, animali ammessi, Internet veloce, 1100 €/mese.

CASALE

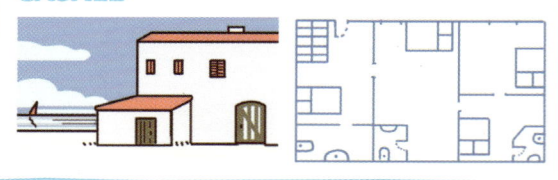

Vicino al mare, 200 mq, due piani con scale interne, quattro spaziose camere da letto con finestre vista-mare, tre bagni, grande giardino con angolo per giocare a bocce, parcheggio privato, terrazzo con ombrellone e sedie a sdraio, animali ammessi, Internet lento, 800 €/mese.

BAITA DI LEGNO

 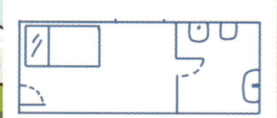

Abitazione isolata in montagna, 30 mq, una camera da letto con il parquet, un bagno, piano terra, luminosissima e silenziosissima, grande giardino con piccolo bosco privato, parcheggio privato (no garage), no terrazzo, animali ammessi, no Internet, 400 €/mese.

CONTAINER RIADATTATO

In centro (vicino a un parco pubblico), 45 mq, due piccole camere da letto con piccole finestre, un bagno con doccia senza finestre, no giardino, no parcheggio privato, terrazzo sul tetto con piccolo orto, no animali, Internet super veloce, 400€/mese.

CASA SULL'ACQUA

Sul fiume a circa 10 km dalla città, 90 mq, due camere da letto con il parquet, due bagni, molto luminosa e silenziosa, no giardino, parcheggio privato, grande terrazzo con reti da pesca, problemi con Internet, 600 €/mese.

CASA SULL'ALBERO

 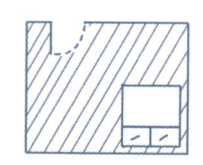

In campagna vicino alla fermata dell'autobus, 20 mq, una camera da letto con pavimento in legno, no bagno, no ascensore, enorme giardino con alberi da frutto, piccolo terrazzo panoramico, no parcheggio privato, animali ammessi, no Internet e no rete mobile, 50 €/mese.

© Loescher Editore 2021

ELEMENTI LINGUISTICI UTILI PER GLI STUDENTI-CLIENTI

- Vorremmo…
- Abbiamo bisogno di…
- Non ci piace / piacciono…
- Non ci serve / servono…
- Preferiamo…
- C'è… / Ci sono…?
- È troppo caro/-a, piccolo/-a, distante dal centro…
- La prendiamo. / Non la prendiamo.
- Fa proprio per noi! / Non fa per noi.
- Ha qualcosa di meno caro?

ELEMENTI LINGUISTICI UTILI PER GLI STUDENTI-CLIENTI

- Vorremmo…
- Abbiamo bisogno di…
- Non ci piace / piacciono…
- Non ci serve / servono…
- Preferiamo…
- C'è… / Ci sono…?
- È troppo caro/-a, piccolo/-a, distante dal centro…
- La prendiamo. / Non la prendiamo.
- Fa proprio per noi! / Non fa per noi.
- Ha qualcosa di meno caro?

ELEMENTI LINGUISTICI UTILI PER GLI STUDENTI-AGENTI

- Dove vorreste andare a vivere?
- Quante camere da letto / Quanti bagni vorreste?
- Per voi è importante avere un terrazzo / un giardino…?
- Volete anche…?
- Quanti soldi potete spendere al mese?
- Vediamo che cosa posso fare…
- Lo / La prendete?
- Ecco il contratto: firmate qui!

 **Al fuoco, al fuoco!**

 A2   COPPIE

 GRAMMATICA
Avverbi, pronomi
e aggettivi
interrogativi;
indicativo presente e
passato prossimo.

FUNZIONI COMUNICATIVE
Fare domande e dare risposte
su una situazione di emergenza.

LESSICO
Lessico relativo alle emergenze;
ore della giornata; numeri
di telefono; indirizzi.

Materiali e preparazione

■ **Tessere-situazione** → predisporre una Tessera per ogni coppia
■ **Elementi linguistici utili** → predisporre una copia per ogni coppia

 ## È ora di parlare

Lo scopo di questa attività è comunicare telefonicamente i dettagli di una situazione di emergenza. L'insegnante divide la classe in **coppie**. Se l'attività si svolge in classe, fa sedere gli studenti in **cerchi** e invita i membri di ogni coppia a occupare sedie **distanti** due o tre posti, in modo che la loro successiva conversazione avvenga da lontano. Poi consegna una **Tessera-situazione** a uno dei due membri della coppia, dandogli qualche minuto per studiarla e chiedendogli di non mostrarla a nessuno. All'altro consegna gli **Elementi linguistici utili**. Anche a lui sono concessi alcuni minuti per studiare il materiale.

Terminata questa fase di preparazione, l'insegnante spiega: *Lo studente che ha ricevuto la Tessera-situazione si trova in una situazione di emergenza e chiama i vigili del fuoco per chiedere aiuto (in Italia il loro numero di telefono è il 115). Il compagno è un vigile del fuoco e gli risponde al telefono. Il compito del primo studente è* **descrivere** *la situazione nella maniera più accurata che può e dare il suo numero di telefono. Dovete esprimervi a voce alta e chiaramente. Lo studente-vigile del fuoco può prendere appunti sul quaderno e alla fine della telefonata deve* **riassumere** *la situazione che gli è stata presentata dal compagno nella maniera più completa possibile. La telefonata non può durare più di* **tre minuti**.

Se l'attività si svolge in classe, le coppie mettono tutte in scena la telefonata contemporaneamente e devono riuscire a capire che cosa sta dicendo il loro compagno nonostante la confusione che si crea. Se l'attività è organizzata in forma di **sfida**, l'insegnante attribuisce la vittoria alla coppia il cui vigile del fuoco ha esposto meglio tutti i dati.

Esempio di produzione

Studente A: Pronto!! Aiuto!!
Vigile del fuoco: Pronto, vigili del fuoco. Che cosa è successo?
A: Delle persone sono disperse in montagna!
V: Calma, un momento. Chi è coinvolto e quanti sono, esattamente?
A: Due amici del nostro gruppo.
V: D'accordo. Quando è successo?

A: Questa mattina, intorno alle 10:30. Aiuto!
V: Va bene. Dove è successo, esattamente?
A: Fuori Digonera, sulle Dolomiti.
V: Sa dirmi perché è successo?
A: Hanno lasciato il gruppo per guardare le stelle alpine!
V: Va bene. Come si chiama Lei e qual è il Suo numero di telefono?

A: Pinco Pallino. 347 1234567. *[Esposizione del riassunto.]*
V: Ha chiamato Pinco Pallino. Il suo numero di telefono è 347 1234567. Oggi, alle 10:30 di mattina, due amici hanno lasciato il gruppo in montagna, vicino a Digonera sulle Dolomiti, per guardare le stelle alpine, e adesso sono dispersi.

DUE PERSONE DISPERSE IN MONTAGNA

Tu sei: un amico che faceva un'escursione con le due persone disperse

Chi? Quanti?	Che cosa?	Quando?	Dove?	Perché?

INCENDIO IN UFFICIO

Tu sei: il collega che lavora nell'ufficio del palazzo di fronte a quello incendiato

Chi? Quanti?	Che cosa?	Quando?	Dove?	Perché?

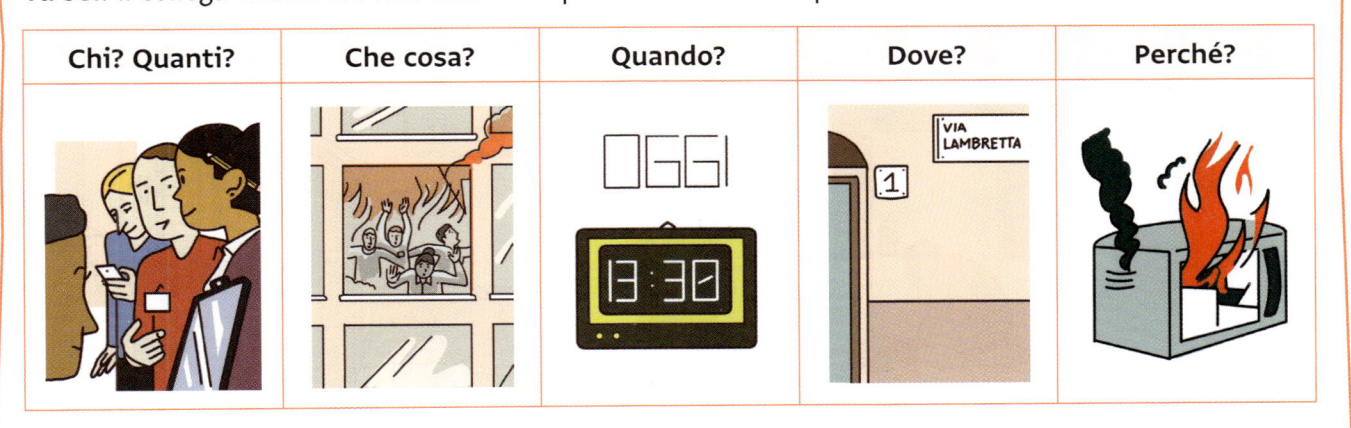

UNA FUGA DI GAS IN UN APPARTAMENTO...

Tu sei: una vicina di casa

Chi? Quanti?	Che cosa?	Quando?	Dove?	Perché?

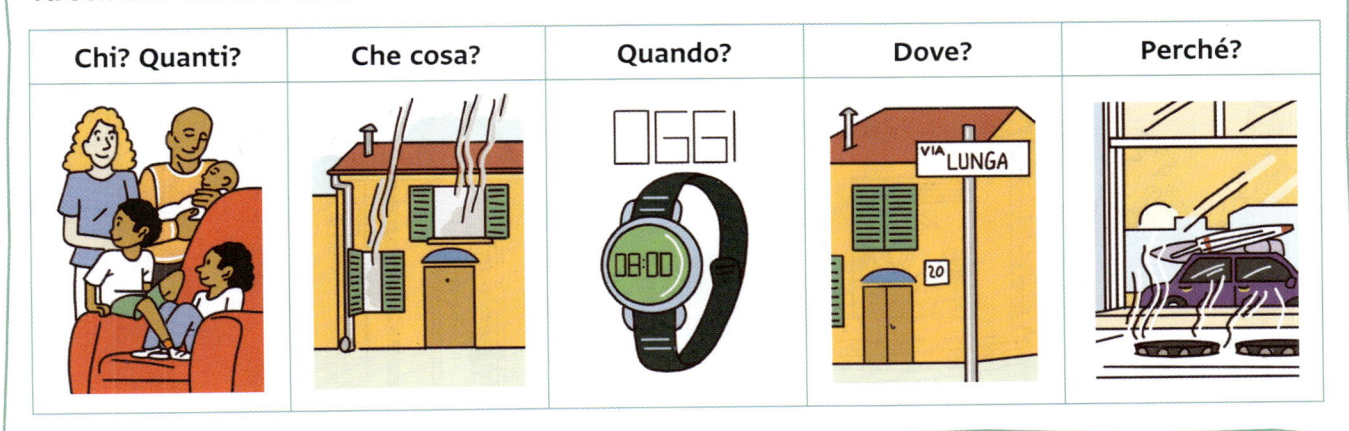

IL GATTO SULL'ALBERO
Tu sei: una signora che passa vicino all'albero

Chi? Quanti?	Che cosa?	Quando?	Dove?	Perché?

"MI SONO CHIUSO FUORI CASA"
Tu sei: la persona che si è chiusa fuori casa

Chi? Quanti?	Che cosa?	Quando?	Dove?	Perché?
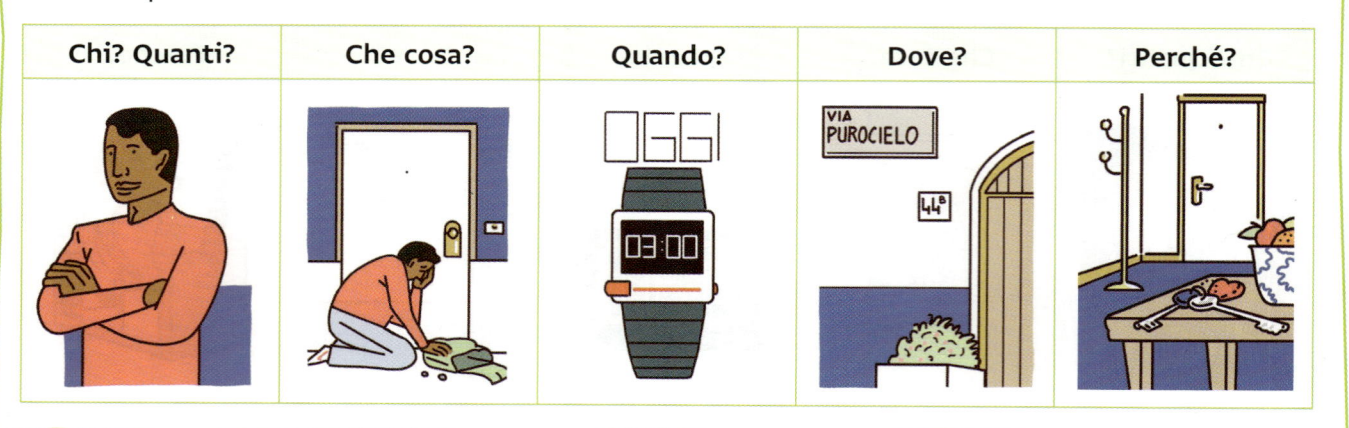				

ALLUVIONE
Tu sei: una delle due persone alluvionate

Chi? Quanti?	Che cosa?	Quando?	Dove?	Perché?

© Loescher Editore 2021

DOMANDE DEI POMPIERI

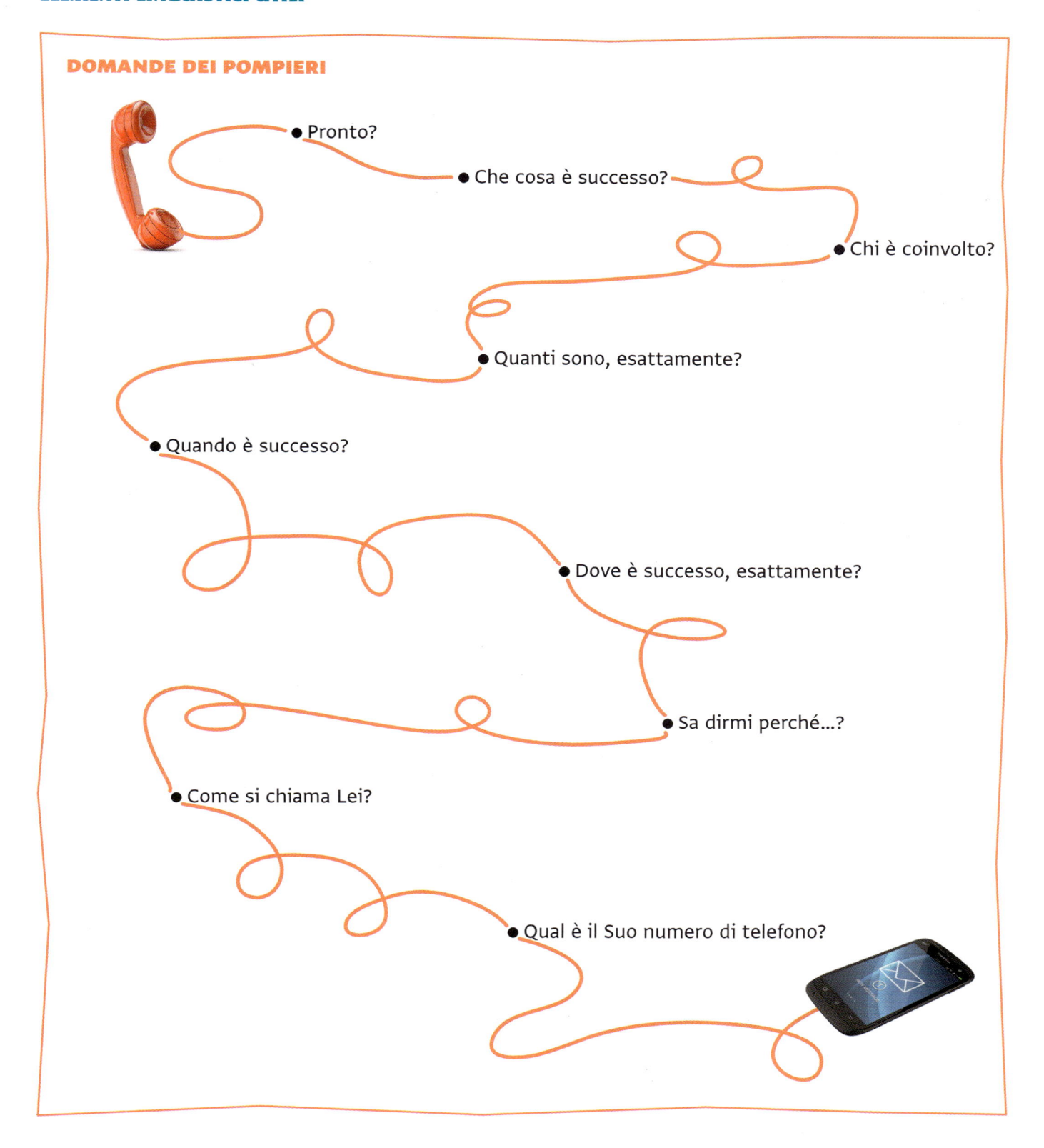

- Pronto?
- Che cosa è successo?
- Chi è coinvolto?
- Quanti sono, esattamente?
- Quando è successo?
- Dove è successo, esattamente?
- Sa dirmi perché...?
- Come si chiama Lei?
- Qual è il Suo numero di telefono?

ESPRESSIONI DA USARE AL TELEFONO

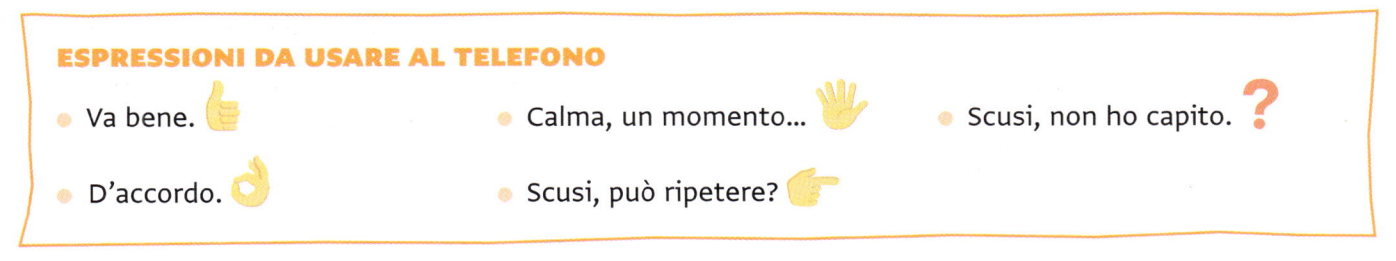

- Va bene. 👍
- D'accordo. 👌
- Calma, un momento... ✋
- Scusi, può ripetere? 👉
- Scusi, non ho capito. ❓

14 Geni incompresi (a scuola)

A2   **COPPIE**

 GRAMMATICA
Passato prossimo;
imperfetto.

LESSICO
Tipologie di scuola,
esperienze scolastiche,
materie, ricerche, premi.

FUNZIONI COMUNICATIVE
Fare domande e dare
risposte a proposito delle
esperienze scolastiche.

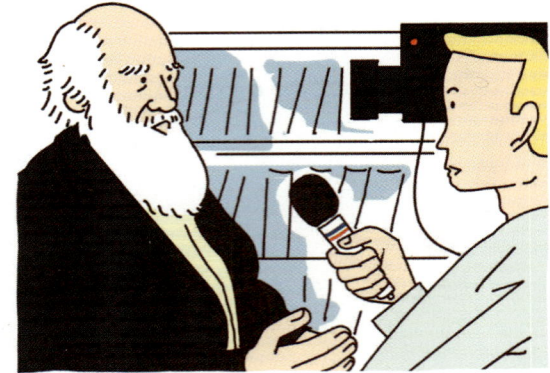

Materiali e preparazione

■ **Schede-genio** → predisporre una Scheda per ogni coppia

🔵 **Scheda-genio personalizzabile** → nel caso l'insegnante voglia ampliare il numero di geni incompresi

 ## È ora di parlare

Lo scopo di questa attività è preparare, e poi recitare, l'intervista a un genio incompreso a scuola.
L'insegnante divide la classe in **coppie** e consegna a ogni coppia una **Scheda-genio** che contiene il profilo di un genio incompreso, chiedendo di non mostrarla alle altre coppie.
Poi spiega: *In ogni coppia stabilite chi fa l'**intervistatore** e chi il **genio incompreso**. Leggete insieme gli indizi sulla vostra Scheda, inventate un'intervista e provatela tra di voi alcune volte. Per farlo avete a disposizione **20 minuti**.
Importante: nell'intervista non dovete dire il nome del genio incompreso. Prima leggete le informazioni a destra e scrivete le relative domande a sinistra; le domande devono essere alla terza persona singolare, in registro formale.
Poi provate l'intervista leggendo le domande e rispondendo con le informazioni alla prima persona singolare (ad es. "Quando è nato?", "Sono nato nel 1809").*
Dopo che gli studenti hanno preparato e provato le interviste, l'insegnante finge di essere un presentatore televisivo, richiama l'attenzione e dice: *Signore e signori, benvenute e benvenuti a una nuova puntata della nostra trasmissione "Geni incompresi". Anche oggi intervistiamo geni del presente e del passato che hanno avuto qualche problemino a scuola. Passiamo la parola ai nostri primi ospiti…*
Se l'attività si svolge in classe, ogni coppia "si esibisce" davanti alla classe-pubblico. La classe deve indovinare chi è il genio incompreso.
Se l'attività è organizzata in forma di **sfida**, vincono le coppie che riescono a far capire alla classe chi è il loro genio incompreso (senza nominarlo!). Se l'attività è svolta da una sola coppia ed è organizzata in forma di sfida, all'inizio la coppia sceglie una Scheda-genio senza farla vedere all'insegnante e l'insegnante deve indovinare il genio incompreso.

Esempio di produzione

Intervistatore: Buongiorno. Che onore averLa qui con noi!
Genio incompreso: Buongiorno. Sono molto contento di essere qui.
I: Quando è nato Lei?
G: Sono nato nel 1809.
I: E dove?

G: In Inghilterra.
I: Molto interessante! Lei era un bambino felice?
G: Oh no! Quando avevo otto anni, mia madre è morta. Si chiamava Susannah. Ero molto triste. E un anno dopo mio padre mi ha

mandato in un collegio. Che uomo severo!
I: Mamma mia! Che storia triste! Ma Le piaceva andare a scuola?
[…]

CHARLES DARWIN

Domande possibili	Risposte (da convertire alla prima persona singolare, ad es. "Sono nato in Inghilterra nel 1809".)
....	È nato in Inghilterra nel 1809.
....	Quando aveva otto anni, sua madre Susannah è morta e un anno dopo il padre, un uomo molto severo, lo ha mandato in un collegio.
....	Da piccolo, era molto affascinato dalla storia naturale e collezionava sassi e cortecce di alberi. Alla scuola superiore ha cominciato a collezionare insetti.
....	Nel 1818, alla fine della scuola primaria, ha frequentato una buona scuola secondaria, dove ha dimostrato interesse per la geometria e la matematica, ma non studiava i classici antichi, che trovava molto noiosi.
....	Nel 1825 il padre lo ha iscritto alla facoltà di Medicina dell'Università di Edimburgo, ma per lui gli insegnanti erano molto noiosi e ha cominciato a saltare le lezioni.
....	Nel 1828 il padre lo ha iscritto alla Scuola Teologica dell'Università di Cambridge, sperando in una carriera ecclesiastica. Ma a lui interessava solo andare alle feste, divertirsi, bere e andare a caccia.
....	Nel 1831 si è imbarcato sulla nave HMS Beagle come naturalista e ha cominciato un viaggio intorno al mondo. Durante il viaggio, ha studiato da vicino organismi viventi e fossili.
....	Nel 1859 ha pubblicato la sua teoria dell'evoluzione delle specie animali e vegetali in un libro che si chiamava *L'origine delle specie per selezione naturale*.
....	Tutte le 1250 copie del libro sono finite in un giorno.
....	• È sempre stato un amante degli animali ma... durante la permanenza sulle Isole Galàpagos ha studiato e mangiato testuggini giganti, armadilli e struzzi. • Da giovane faceva esperimenti con insetti che avevano un cattivo odore: infatti ha ricevuto il soprannome "Gas"!

© Loescher Editore 2021

ALBERT EINSTEIN

Domande possibili	Risposte (da convertire alla prima persona singolare, ad es. "Ho cominciato a parlare quando avevo tre o quattro anni".)
....	È nato in Germania nel 1879.
....	Ha cominciato a parlare quando aveva tre o quattro anni. Quando ha pronunciato la sua prima frase, si è lamentato perché la zuppa era troppo calda.
....	Quando aveva cinque anni ed era a letto malato, suo padre gli ha regalato una bussola. Lui era molto curioso e contento.
....	Durante la scuola superiore, era molto impertinente e diceva che le lezioni erano noiose. Gli insegnanti si arrabbiavano!
....	Quando aveva 15 anni, non rispettava l'autorità dell'insegnante, che lo ha mandato fuori dalla classe.
....	Quando aveva 16 anni, non ha passato l'esame per entrare al Politecnico di Zurigo. Andava bene nelle materie scientifiche, ma aveva molti problemi in francese!
....	Ha inventato la formula dell'equivalenza massa-energia, $E = mc^2$. Questa è considerata l'equazione più famosa al mondo!
....	Dal 1905 ha sviluppato la teoria della relatività, una parte molto importante della fisica moderna.
....	Nel 1921 ha ricevuto il Premio Nobel per la fisica: non per la teoria della relatività, ma per la spiegazione dell'effetto fotoelettrico.
....	• Ha sempre avuto una scrivania molto disordinata. • Non ha mai imparato a guidare l'automobile. • Ha lavorato tutta la vita con i numeri ma non ha mai imparato il suo numero di telefono a memoria!

© Loescher Editore 2021

BILL GATES

Domande possibili	Risposte (da convertire alla prima persona singolare, ad es. "Ho fondato un'azienda chiamata Micro-Soft".)
....	È nato negli Stati Uniti nel 1955.
....	Nel 1968, quando aveva 13 anni, frequentava la Lakeside School, una delle pochissime scuole negli Stati Uniti ad avere una telescrivente: una Teletype Model 33.
....	Ha cominciato presto a imparare come programmare i computer. Ha scritto il suo primo programma a scuola, quando era un adolescente: era un videogioco.
....	Quando ha finito la scuola superiore, si è iscritto all'Harvard College, ma la carriera universitaria non è andata bene: si è ritirato dall'università dopo due anni.
....	Quando era giovane, la polizia lo ha arrestato per eccesso di velocità e per guida senza la patente: ha sempre avuto un rapporto un po' difficile con l'autorità!
....	Con il suo amico di scuola Paul Allen, nel 1975 ha fondato un'azienda chiamata "Micro-Soft." Nel 1976 il nome è cambiato ed è diventato "Microsoft".
....	Nel 2007 l'Università di Harvard gli ha dato una laurea *ad honorem*. La stessa università da cui si era ritirato!
....	Oggi è tra le persone più ricche del mondo, ma si dedica a molte attività filantropiche.
....	● Il suo genio ispiratore è Leonardo Da Vinci. ● Nel poco tempo libero gli piace giocare a bridge, a golf e a tennis, ma soprattutto leggere: legge almeno 50 libri all'anno! ● Proprio lui che ha passato tutta la vita davanti allo schermo del computer, non vede i colori.

MARGHERITA HACK

Domande possibili	Risposte (da convertire alla prima persona singolare, ad es. "Sono nata in Italia nel 1922".)
....	È nata in Italia nel 1922.
....	Quando frequentava il Liceo Galileo di Firenze, è stata bocciata in matematica, forse perché il professore aveva un'antipatia per lei! Ha dovuto fare l'esame di riparazione di matematica a ottobre.
....	Non ha potuto sostenere gli esami di maturità alla fine del liceo a causa dello scoppio della Seconda guerra mondiale.
....	Si è laureata in fisica nel 1945 con una tesi di astrofisica sulle stelle Cefeidi. Non ha preso il massimo dei voti, ma 101 su 110.
....	Ha insegnato come professoressa ordinaria di astronomia all'Università di Trieste dal 1964 al 1992.
....	È stata la prima donna italiana a dirigere l'Osservatorio Astronomico di Trieste dal 1964 al 1987.
....	Nel 1995 è stato scoperto un asteroide ed è stato chiamato con il suo nome.
....	Nel 2011 ha pubblicato il libro *La mia vita in bicicletta*, dove ha parlato della sua vita e della sua passione per le biciclette.
....	● Quando era giovane, giocava a pallacanestro e faceva atletica leggera. ● È sempre stata un'attivista sociale e politica e ha lottato per i diritti civili e i diritti degli animali. ● Ha sempre pensato che nella nostra galassia esistano altre forme di vita!

© Loescher Editore 2021

DORIS LESSING

Domande possibili	Risposte (da convertire alla prima persona singolare, ad es. "Sono nata in Iran nel 1919, ma ho vissuto anche nello Zimbabwe e a Londra".)
....	È nata in Iran nel 1919 da genitori inglesi. Ha vissuto anche nello Zimbabwe e a Londra.
....	Ha cominciato a frequentare un collegio cattolico femminile a Harare, nello Zimbabwe, ma detestava la scuola e le lezioni.
....	Quando aveva 13 anni, è tornata a casa ma i suoi genitori l'hanno subito spedita in un altro collegio. Detestava anche questo!
....	All'età di 14 anni, è tornata a casa e non ha più voluto studiare.
....	A 15 anni, ha cominciato a lavorare come bambinaia e come telefonista.
....	Ha cominciato anche a vendere delle storie alle riviste locali, e a leggere libri di politica e di sociologia.
....	Ha pubblicato il suo primo romanzo nel 1950. Si chiamava *L'erba canta*. Nel 1962 ha pubblicato il suo primo libro famoso: *Il taccuino d'oro*. Molti lo considerano un classico femminista.
....	Nella sua vita ha pubblicato più di 50 romanzi, alcuni usando uno pseudonimo.
....	Nel 2007 ha ricevuto il Premio Nobel per la letteratura.
....	• È stata un membro del Partito Comunista inglese. • È sempre stata famosa per dire esattamente quello che pensava. • È stata la persona più vecchia a ricevere il Nobel per la letteratura!

© Loescher Editore 2021

WOLFGANG AMADEUS MOZART

Domande possibili	Risposte (da convertire alla prima persona singolare, ad es. "Ho cominciato a suonare il piano a quattro anni".)
....	È nato in Austria nel 1756.
....	Ha cominciato a suonare il piano a quattro anni, e a sei anni componeva già la sua musica. A 12 anni ha composto la prima messa e a 14 la prima opera. Un vero genio!
....	Non è mai andato a scuola ma da piccolo prendeva lezioni da suo padre Leopoldo.
....	Nel 1770 ha cominciato a studiare con il compositore Giovanni Battista Martini. Giovanni Battista lo ha preparato per l'esame dell'Accademia Filarmonica di Bologna, ma l'esame non è andato particolarmente bene: come voto ha preso solo un sei, e probabilmente perché il suo maestro lo ha aiutato!
....	Quando aveva 21 anni, era un bravissimo compositore ma un ragazzo molto pigro: il padre l'ha mandato a cercare lavoro, ma le belle ragazze erano una distrazione troppo forte!
....	È sempre stato un gran burlone, cioè una persona a cui piace molto scherzare. Infatti nel 1787 ha composto… *Uno scherzo musicale*!
....	Nella sua vita ha imparato a suonare la gran parte degli strumenti di un'orchestra.
....	In totale ha scritto più di 600 brani musicali, tra cui le opere *Le nozze di Figaro*, *Don Giovanni*, *Così fan tutte* e *Il flauto magico*.
....	● Per rilassarsi gli è sempre piaciuto giocare a biliardo. ● È sempre stato mancino, cioè ha sempre preferito scrivere con la mano sinistra. ● Un grande compositore come lui… ha sempre avuto paura del suono della tromba!

© Loescher Editore 2021

15 Siamo messi male

A2 · INDIVIDUALE

 **GRAMMATICA**
Passato prossimo;
pronomi riflessivi; verbi
riflessivi con le parti
del corpo; ipotesi con
l'indicativo.

FUNZIONI COMUNICATIVE
Descrivere problemi di
salute e le loro cause.

LESSICO
Parti del corpo; problemi
di salute comuni.

Materiali e preparazione

▨ **Scheda-ambulatorio** → predisporre la Scheda per lo studente

▨ **Elementi linguistici utili** → predisporre una copia per lo studente

_iW_ **Scheda-ambulatorio online** → per lezione a distanza

È ora di parlare

Lo scopo di questa attività è descrivere alcuni pazienti e i loro problemi di salute al telefono.
L'insegnante finge di essere un **dottore** che, come ogni giorno, sta andando al suo ambulatorio per visitare i suoi pazienti. Oggi è in ritardo e chiama il suo **assistente** – cioè lo studente – che dalla sala d'aspetto dell'ambulatorio informa il dottore su quali pazienti lo stanno aspettando e sui loro probabili problemi di salute.
L'insegnante consegna allo studente la **Scheda-ambulatorio** e spiega: _Osserva con attenzione la Scheda-ambulatorio: guarda quali sono i pazienti nella sala d'aspetto e studia gli indizi sulle loro condizioni di salute._
Poi **rispondi** alla mia telefonata e alle mie domande, formulando delle semplici **ipotesi** usando il passato prossimo e "forse" o "probabilmente". Puoi aiutarti con gli **Elementi linguistici utili**.

Esempio di produzione 🎧15

[Il telefono suona: drin drin, drin drin!]
Insegnante dottore: Buongiorno, Federica! Scusi, ma questa mattina sono in ritardo! Abbiamo già molti pazienti?
Studentessa assistente:
Salve, Dottoressa Asta! Nessun problema, La aspettiamo. Sì, la

sala d'aspetto è già piena!
I: Mamma mia! Siamo messi male! Chi c'è in sala d'aspetto?
S: Allora, c'è il Signor Rossi e ha un forte mal di testa. Probabilmente ieri sera ha bevuto troppo vino.
I: Sempre il solito!
S: Poi c'è la Signora Bianchi. È

rossa come un'aragosta, forse si è scottata. Ogni estate si addormenta in spiaggia!
I: Capisco… E poi?
S: Poi c'è…
_[…]_

© Loescher Editore 2021

VERBI RIFLESSIVI USATI CON PARTI DEL CORPO AL PASSATO PROSSIMO

- rompersi una gamba → *Mi sono rotto/-a una gamba.*
- fratturarsi un braccio → *Mi sono fratturato/-a un braccio.*
- sbucciarsi un ginocchio → *Mi sono sbucciato/-a un ginocchio.*
- slogarsi una caviglia → *Mi sono slogato/-a una caviglia.*
- scottarsi → *Mi sono scottato.*

ESPRESSIONI PER FARE IPOTESI (CON L'INDICATIVO)

- forse → *Forse si è scottata.*
- probabilmente → *Probabilmente ha bevuto troppo.*
- mi sa che → *Mi sa che ha mangiato troppi dolci.*

ESPRESSIONI USATE PER I PROBLEMI DI SALUTE (COLLOCAZIONI)

- avere (il) mal di testa
- avere (la) nausea
- avere un eritema solare
- avere un occhio nero
- avere una botta in testa
- avere mal di denti

16 Una vacanza coi fiocchi

A2 INDIVIDUALE

GRAMMATICA
Preposizioni con mezzi
di trasporto e località.

LESSICO
Espressioni di tempo;
mezzi di trasporto;
luoghi dove mangiare.

FUNZIONI COMUNICATIVE
Descrivere l'organizzazione
di una vacanza.

Materiali e preparazione

- **Tabellone-viaggio** → predisporre una copia per lo studente
- **Un dado** → predisporre per lo studente
- iW **Tabellone-viaggio online** → per lezione a distanza
- iW **Tabellone-viaggio personalizzabile** → nel caso l'insegnante voglia personalizzare l'attività

È ora di parlare

Lo scopo di questa attività è organizzare e illustrare un viaggio premio all'insegnante.

La scelta della destinazione e delle altre caratteristiche del viaggio è affidata alla sorte: con più tiri di **dado** si definiscono la destinazione, le date di partenza e ritorno, i mezzi di trasporto ecc.

Dopo aver illustrato il funzionamento del **Tabellone-viaggio** allo studente, l'insegnante spiega: *Ho partecipato a un concorso a premi e ho vinto un **viaggio a sorpresa**. Sei l'organizzatore del mio viaggio. Mi dovrai **illustrare** il programma di viaggio in ogni sua caratteristica e rispondere alle mie domande. Tira il dado una prima volta e dimmi qual è la destinazione. Poi tira il dado una seconda volta e spiegami quando è prevista la partenza. Continua così, finché non finisci di descrivere tutti gli aspetti del viaggio-premio.*

L'insegnante decide se lo studente deve usare l'indicativo presente o il futuro. Se lo ritiene opportuno, incoraggia lo studente a improvvisare, chiedendogli informazioni più precise (ad es. "È possibile cambiare data?", "Il biglietto è di prima classe?" ecc.).

Esempio di produzione

Studente organizzatore:
Complimenti! Hai vinto una vacanza premio!
Insegnante vincitore: WOW! Grazie! Qual è la destinazione del viaggio?
[Lo studente tira il dado una prima volta. Risultato: ⚀]
S: La vacanza è un soggiorno a Roma.
I: Fantastico! Dove dormo? In un hotel?
S: No, dentro le Catacombe di Domitilla.

I: Mamma mia! Quando è prevista la partenza?
[Lo studente organizzatore tira il dado una seconda volta. Risultato: ⚁]
S: La partenza è organizzata per il prossimo fine settimana.
I: Benissimo, il prossimo fine settimana sono libero. E... quanto dura il viaggio in totale?
[Lo studente organizzatore tira il dado una terza volta. Risultato: ⚂]

S: Il viaggio dura una settimana, dal prossimo sabato al sabato dopo.
I: Devo dormire nelle Catacombe per una settimana? Ma non è possibile stare in un hotel?
S: No, mi dispiace, è un viaggio organizzato. Ma l'atmosfera delle Catacombe è unica!
[...]

Caratteristiche della vacanza	Roma	Venezia	Orgosolo	Riviera Romagnola	Cortina d'Ampezzo	Vulcano
Destinazione e tipo di soggiorno	Soggiorno dentro le Catacombe di Domitilla	Campeggio in Piazza San Marco (tra i piccioni)	Vacanza artistica tra i murales (con l'obbligo di contribuire alla creazione di un nuovo murales)	Hotel a una stella vicino a una famosa discoteca	Letto e colazione in un appartamento sulla piazza centrale del paese.	Barca-hotel al porto dell'isola (con inclusi i pasti di pesce fresco appena pescato)
Quando è prevista la partenza	Tra due ore	Domani	Dopodomani	Il prossimo fine settimana	Il mese prossimo	Tra sei mesi
Durata totale del viaggio	Una giornata	Un fine settimana	Una settimana	Un mese	Due mesi	Sei mesi
Tipo di viaggio e numero di persone che è possibile portare con sé	Viaggio per lupi solitari	Viaggio romantico	Viaggio con gli amici del cuore	Viaggio con la famiglia	Viaggio con i colleghi	Viaggio con gli amici, organizzato da un club della terza età
Bagaglio ammesso						
Trasporto andata						
Pasti inclusi nel prezzo	Ristorante due stelle Michelin	Trattoria	Rosticceria	Pizza da asporto	Panini al bar	Tre gelati al giorno
Voucher in regalo per lo shopping	10 euro	50 euro	100 euro	100 euro (vari)	5000 euro	credito illimitato
Extra inclusi nel prezzo	Piscina	Palestra	Sauna	Museo	Cinema	Teatro
Trasporto ritorno						

© Loescher Editore 2021

17 Perché sì!

  B1   CLASSE

 **GRAMMATICA**
Perché + indicativo
per esprimere una
causa; *per* + infinito
e congiuntivo presente
per esprimere un fine.

FUNZIONI COMUNICATIVE
Fare domande e risposte
a catena.

LESSICO
Elementi dell'ambiente
urbano, membri della famiglia.

Materiali e preparazione

- **Tessere-domanda** → predisporre le Tessere per la classe
- **Tessere-adulto** → predisporre le Tessere per la metà degli studenti

È ora di parlare

Lo scopo di questa attività è creare una catena di domande e risposte in cui si spiegano cause e scopi. L'insegnante fotocopia le **Tessere-domanda**, le ritaglia e le mette in un contenitore o in un cappello. Poi prepara un numero di **Tessere-adulto** pari alla metà degli studenti in classe (ad es. per una classe di 20 studenti servono dieci Tessere-adulto). Quindi divide gli studenti in due gruppi, "**bambini**" e "**adulti**", e li dispone in cerchio in modo che ci sia sempre uno studente-bambino a fianco di uno studente-adulto. Poi consegna una Tessera-adulto a ogni studente-adulto e chiede di tenerla in mano in modo che sia visibile. Infine, chiede a uno studente-bambino di pescare una Tessera-domanda dal contenitore o dal cappello e di scriverla alla lavagna.

Terminata questa fase di preparazione, spiega: *Fate tutti parte della stessa **famiglia**. È domenica e avete organizzato una gita nel parco della città dove vivete. Siete seduti sull'erba, avete aperto i cestini da picnic e cominciate a chiacchierare. I bambini, però, hanno **mille domande sul "perché" delle cose**, in particolare sugli elementi dell'ambiente urbano. Gli adulti devono rispondere alle loro domande. Comincia un bambino e legge la domanda alla lavagna. L'adulto alla sua sinistra risponde spiegando **la causa** o **lo scopo**. Potete spiegare la causa con **perché + indicativo**, (ad es. "La gente si fa i selfie perché è vanitosa"). Oppure, potete spiegare lo scopo usando **per + infinito** se il soggetto è lo stesso (ad es. "I grattacieli sono alti per ospitare molte persone"), o **perché + congiuntivo** se il soggetto è diverso (ad es. "Le strade sono asfaltate perché le macchine ci vadano sopra senza problemi"). Il bambino seduto alla sinistra dell'adulto si aggancia alla risposta per chiedere **un altro "perché"**, e così via. Al completamento di un intero giro, il primo adulto che aveva risposto all'inizio dice: "**Perché sì!!**" e conclude la conversazione.*

Alla fine di un giro di conversazione, l'insegnante chiede agli studenti di **invertire i ruoli** di adulti e bambini, si pesca un'altra Tessera-domanda, e il gioco ricomincia.

Esempio di produzione

Bambino A: Mamma, perché le macchine hanno le ruote?

Adulto A: Beh, per correre veloci sulla strada.

Bambino B: Zio, perché le macchine corrono veloci?

Adulto B: Perché le persone hanno fretta.

Bambino C: Nonna! Perché le persone hanno fretta?

Adulto C: Per arrivare presto a casa o al lavoro.

[La catena di domande continua finché non si ritorna al primo adulto]

Adulto A: Perché sì!

Perché le macchine hanno le ruote?

Perché i grattacieli sono così alti?

Perché i motorini fanno rumore?

Perché bisogna comprare il biglietto dell'autobus?

Perché la gente si fa i selfie?

Perché le ambulanze hanno la sirena?

Perché ci sono i cartelloni pubblicitari?

Perché le strade sono asfaltate?

Perché i semafori hanno tre colori?

TESSERE·ADULTO

MAMMA	PAPÀ	NONNO	NONNO
NONNA	NONNA	BISNONNO	BISNONNA
ZIO	ZIO	ZIO	ZIO
ZIA	ZIA	ZIA	ZIA

18 Impara l'arte...

 GRAMMATICA
Vari argomenti di livello A2 e B1: vedi contenuto della Ruota della grammatica.

LESSICO
Vario, relativo all'opera d'arte su cui gli studenti lavorano.

 FUNZIONI COMUNICATIVE
Varie, ad es. fare acquisti al mercato, litigare, conversare a cena ecc.

Materiali e preparazione

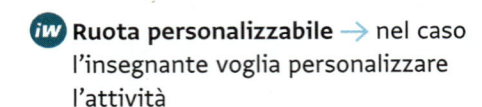

- **Ruota delle opere d'arte** → predisporre una copia per la classe
- **Ruota della grammatica** → predisporre una copia per la classe
- **Una matita**

- (iw) **Ruota personalizzabile** → nel caso l'insegnante voglia personalizzare l'attività

 ## È ora di parlare

Lo scopo di questa attività è inventare e rappresentare un dialogo tra i personaggi di un dipinto.
L'insegnante divide la classe in **due gruppi**, e posiziona la fotocopia della **Ruota delle opere d'arte** e quella della **Ruota della grammatica** sulla cattedra o su un banco. Sceglie uno studente e gli chiede di far girare una matita al centro della Ruota delle opere d'arte e di leggere a voce alta il dipinto indicato dalla punta della matita. Poi gli chiede di fare la stessa cosa con la Ruota della grammatica e di leggere a voce alta l'argomento grammaticale indicato; in alternativa l'insegnante può scegliere un argomento grammaticale da far ripassare alla classe e scriverlo alla lavagna. Infine, cerca l'immagine dell'opera d'arte su Internet, la mostra alla classe e lascia un po' di tempo agli studenti per osservarla bene. Poi spiega: *Ogni gruppo ha un tempo prestabilito (ad es. 30 minuti) per "dare vita" all'opera indicata. Dovete inventare **un dialogo** tra i personaggi rappresentati che contenga almeno una volta l'argomento grammaticale indicato. Potete scrivere il dialogo o prendere appunti, ma ricordate di fare le prove mettendovi nella stessa posizione dei personaggi dell'opera e recitando il vostro dialogo. Potete anche produrre dei suoni per rendere più realistica la scena. Non preoccupatevi se i personaggi dell'opera d'arte sono più di voi: interpretate solo quelli che preferite. Se i personaggi dell'opera sono meno di voi, potete aggiungere dei personaggi a vostra scelta. Alla fine, dovete rappresentare l'opera davanti all'altro gruppo e "darle vita".*
Durante l'esibizione finale, il gruppo che non è impegnato a recitare controlla se l'elemento grammaticale è presente nel dialogo e quante volte viene usato. Se l'attività è organizzata in forma di **sfida**, vince il gruppo che usa correttamente l'elemento grammaticale più volte.
Attenzione! Se nella Ruota delle opere d'arte esce la *Rissa in galleria* di Umberto Boccioni o *Il quarto stato* di Pellizza da Volpedo o *La scuola di Atene* di Raffaello Sanzio, tutta la classe lavora collettivamente per dare vita al dipinto e metterlo in scena.

Esempio di produzione

[Nella Ruota delle opere d'arte esce la "Vucciria". Nella Ruota della grammatica escono i pronomi combinati.]
Studente A: Signora! Ha visto il pesce spada?

Studente B: Carne prelibata! La migliore del mercato della Vucciria!
Studente C: Formaggio! Me lo compra Lei, signora?

Studente D: Mi scusi, ma i finocchi non ci sono? Li ho visti proprio ieri mattina...
Studente E: Ma sì, signora, eccoli qui. Quanti Gliene do?
[...]

© Loescher Editore 2021

19 I bei tempi andati

B1    GRUPPI

a GRAMMATICA
Imperfetto; passato prossimo.

LESSICO
Età della vita; indicatori temporali.

FUNZIONI COMUNICATIVE
Narrare storie o fatti passati.

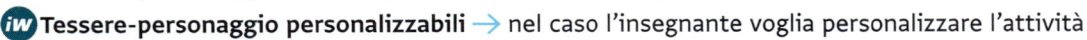

Materiali e preparazione

- **Tessere-personaggio** → predisporre una Tessera per ogni studente
- 🔲 **Tessere-personaggio personalizzabili** → nel caso l'insegnante voglia personalizzare l'attività

 È ora di parlare

Lo scopo di questa attività è raccontare eventi del proprio passato vantandosi delle proprie imprese. L'insegnante fotocopia e ritaglia le **Tessere-personaggio**, divide gli studenti in gruppi e consegna una Tessera a ciascuno studente, facendo attenzione che all'interno dello stesso gruppo ogni studente abbia una Tessera diversa. Infine, scrive alla lavagna alcune delle seguenti espressioni: "Non è niente in confronto a quello che facevo io!", "Ma non c'è paragone!", "Non c'è gara, guarda!", "Tutto qua?", "Roba da poco…", "Roba da niente!", "Piccole cose, dai…", e specifica che gli studenti potranno usarle nel corso della conversazione.

Terminata questa fase di preparazione, spiega: *Siamo in una casa di riposo per amanti dell'italiano, che si chiama "Italia mia bella". Voi siete i **residenti della casa di riposo** e ognuno di voi ha 99 anni. Guardate la **Tessera** che vi ho dato: ci sono scritti il nome del vostro personaggio, tre cose che il vostro personaggio faceva spesso quando era giovane, e un fatto memorabile che gli è successo solo una volta. È sabato pomeriggio e, mentre prendete un caffè con i vostri amici, ricordate i bei tempi andati. Ognuno di voi vuole farsi bello agli occhi degli altri, perciò comincia a raccontare le **cose che faceva spesso quando era giovane (usando l'imperfetto)** e un **fatto memorabile (usando il passato prossimo)**. Gli altri residenti si mettono in competizione con il compagno usando le espressioni scritte alla lavagna e raccontano abitudini e fatti ancora più gloriosi.*

Esempio di produzione 🎧 19

[Tessere-personaggio: Carmelo, Genoveffa, Amedeo.]

Carmelo: Buono questo caffè. Ma quando ero giovane il caffè era migliore. Genoveffa, Amedeo: vi ricordate di quando eravamo giovani?

Genoveffa: Eh, certo, Carmelo! Io avevo una grande passione per la boxe e mi allenavo di nascosto ogni giorno. Pensate che nascondevo i guantoni sotto il letto, e ogni domenica scappavo fuori e partecipavo alle gare sul ring invece di andare a messa!

C: Sì, Genoveffa, va bene, ma non è niente in confronto a me. Io da bambino, non avevo neanche sei anni, andavo tutti i giorni a pescare con mio nonno: per questo sono diventato il pescatore migliore della zona. Ogni anno a gennaio facevamo il bagno nel fiume: un freddo che vi dico! E fin da piccolo prendevo pesci più grandi di me! Ma quello di cui vado più fiero è che a scuola non ci potevo andare e allora ho imparato a leggere e scrivere da solo!

G: Intendi scrivere a mano, Carmelo? Ma che roba da vecchi! Io questa mattina ho mandato la mia prima email! E tu, Amedeo, che cosa ricordi dei bei tempi andati?

Amedeo: Le vostre esperienze sono interessanti, ma non c'è paragone con le mie! Io da piccolo…

CARMELO

ABITUDINI
- pescare con il nonno
- fare il bagno a gennaio
- prendere pesci più grandi di lui

FATTO MEMORABILE
- imparare a leggere e scrivere da solo

GENOVEFFA

ABITUDINI
- fare boxe di nascosto
- nascondere i guantoni
- partecipare alle gare la domenica

FATTO MEMORABILE
- scrivere la prima email della sua vita questa mattina

AMEDEO

ABITUDINI
- andare in Vespa
- riparare le Vespe degli amici
- organizzare raduni di persone con la Vespa

FATTO MEMORABILE
- superare una Ferrari in Vespa

BETTY

ABITUDINI
- cucinare ottime polpette
- ballare divinamente il liscio
- cucinare per 90 persone alla balera ogni sabato sera

FATTO MEMORABILE
- prendere la patente a 92 anni

AMERIGO

ABITUDINI
- costruire barchette a remi
- fare il giro del lago in barca ogni mattina
- dormire in barca ogni fine settimana

FATTO MEMORABILE
- essere chiamato per una consulenza in uno squero (cioè un cantiere navale) di Venezia

© Loescher Editore 2021

PINA

ABITUDINI

- curare il giardino
- collezionare rose rare
- fare il liquore con i petali di rosa

FATTO MEMORABILE

- vincere il primo premio al "Festival del liquore alla rosa"

KOSTAS

ABITUDINI

- lavorare all'uncinetto con grande abilità
- fare coperte all'uncinetto a occhi chiusi
- fare una sciarpa all'uncinetto in un'ora

FATTO MEMORABILE

- vendere una stola fatta all'uncinetto allo stilista Valentino

---

GIUSEPPINA

ABITUDINI

- giocare a Scala Quaranta
- battere tutti gli amici e i parenti
- avere 78 mazzi di carte diversi a casa

FATTO MEMORABILE

- organizzare un torneo di carte per la casa di riposo la scorsa settimana

---

ANDRZEJ

ABITUDINI

- fare yoga cinque volte al giorno
- fare il saluto al sole alle 5:00 ogni mattina
- gestire una palestra specializzata in Bikram yoga

FATTO MEMORABILE

- diventare il primo insegnante di yoga qualificato in Italia

---

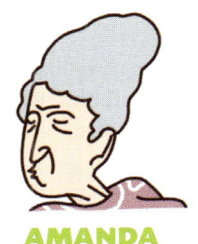

AMANDA

ABITUDINI

- parlare con gli uccellini
- saper riprodurre il verso di 50 uccelli
- viaggiare ogni estate in paesi esotici per osservare gli uccelli

FATTO MEMORABILE

- offrire una consulenza al regista Hitchcock per girare il film *Gli uccelli*

20 Lampi di genio

B1 GRUPPI

 GRAMMATICA
Congiuntivo presente con verbi di opinione; espressioni di opinione che non vogliono il congiuntivo.

FUNZIONI COMUNICATIVE
Formulare definizioni di oggetti e spiegarne l'uso.

LESSICO
Vario, propedeutico a formulare definizioni di oggetti e descrivere azioni della vita quotidiana.

Materiali e preparazione

- **Scheda-progetto** → predisporre una Scheda per ogni gruppo
- **Elementi linguistici utili** → predisporre una copia per ogni studente

 ## È ora di parlare

Lo scopo di questa attività è descrivere un oggetto inventato e indovinare l'uso di quelli altrui.
L'insegnante divide gli studenti in gruppi, consegna una **Scheda-progetto** a ogni gruppo e distribuisce una copia degli **Elementi linguistici utili** a ogni studente. Poi chiede ai membri di ciascun gruppo di leggere le **categorie** presenti nella **Sezione 1** della Scheda e di fare una crocetta vicino alla categoria che preferiscono, senza far sapere la loro decisione agli altri gruppi.

Terminata questa fase di preparazione, spiega: *Una ditta che fabbrica stampanti 3D ha indetto un concorso e voi avete deciso di partecipare. Ogni gruppo deve **inventare un oggetto geniale** da fabbricare con la stampante 3D. Dovete usare la **Sezione 2** della Scheda progetto per **disegnare** l'oggetto e la **Sezione 3** per scrivere la **definizione** dell'oggetto, il suo **uso** e i **benefici** che apporta alla vita quotidiana. L'oggetto deve appartenere alla categoria che avete scelto.*

Alla fine dell'attività, ogni gruppo, a turno, copia il proprio disegno alla lavagna. Gli altri gruppi devono indovinare che cos'è l'oggetto e a che cosa serve, aiutandosi con gli **Elementi linguistici utili** per esprimere la propria opinione. Dopo aver ascoltato le varie opinioni, ogni gruppo legge la propria definizione e conferma o smentisce le ipotesi dei compagni.

Se l'attività è organizzata in forma di **sfida**, l'insegnante chiede agli studenti di **votare** per l'oggetto più geniale (è vietato votare per il proprio gruppo!) e assegna la **vittoria** al gruppo che riceve più voti.

Esempio di produzione

[*Gli studenti del Gruppo A hanno scelto la categoria "oggetti per la cucina". Hanno inventato un mestolo doppio, ne hanno concordato caratteristiche, uso e benefici, lo hanno disegnato, e mostrano il loro disegno agli altri gruppi.*]

Gruppo A: Ecco il nostro oggetto. Che cos'è e a che cosa serve?

Gruppo B: Secondo noi è uno strumento per raccogliere le palline da golf.

Gruppo C: Ma no! A nostro avviso serve per raccogliere le pepite d'oro nel fiume.

Gruppo D: Assolutamente no! Noi crediamo che siano due mestoli in uno per raccogliere tipi diversi di cibo.

Gruppo A: Bravo, Gruppo D! Ecco la nostra definizione: Questo oggetto è una combinazione di due mestoli da cucina. Una parte serve a scolare la pasta e metterla nel piatto, e l'altra a versare il sugo sopra la pasta. Ti cambia la vita perché è un unico strumento ma ha molte funzioni. Geniale, no?

SCHEDA·PROGETTO

SEZIONE 1 – Categorie di oggetti

☐ oggetti per la cucina   ☐ oggetti per lo sport

☐ oggetti per il bagno   ☐ oggetti per la scuola

☐ oggetti per il giardino   ☐ oggetti per l'ufficio

☐ oggetti per la scrivania   ☐ oggetti per la spiaggia

☐ oggetti per il tempo libero   ☐ oggetti per la montagna

SEZIONE 2 – Disegno dell'oggetto

SEZIONE 3 – Definizione dell'oggetto

- Questo oggetto è ....

- Serve a ....
....

- Ti cambia la vita perché ....
....

VERBI DI PENSIERO CHE VOGLIONO IL CONGIUNTIVO

- Penso / Pensiamo che...
- Credo / Crediamo che...
- Mi / Ci sembra che...
- Mi / Ci pare che...
- Ritengo / Riteniamo che...
- Immagino / Immaginiamo che...
- Suppongo / Supponiamo che...
- Ho / Abbiamo l'impressione che...

... quest'oggetto...
- sia...
- serva a...
- si usi per...
- faccia...
- aiuti a...

ESPRESSIONI DI PENSIERO CHE NON VOGLIONO IL CONGIUNTIVO

- Secondo me / noi...
- A mio / nostro parere...
- A mio / nostro avviso...
- A mio / nostro giudizio...

... quest'oggetto...
- è...
- serve a...
- si usa per...
- fa...
- aiuta a...

- -

VERBI DI PENSIERO CHE VOGLIONO IL CONGIUNTIVO

- Penso / Pensiamo che...
- Credo / Crediamo che...
- Mi / Ci sembra che...
- Mi / Ci pare che...
- Ritengo / Riteniamo che...
- Immagino / Immaginiamo che...
- Suppongo / Supponiamo che...
- Ho / Abbiamo l'impressione che...

... quest'oggetto...
- sia...
- serva a...
- si usi per...
- faccia...
- aiuti a...

ESPRESSIONI DI PENSIERO CHE NON VOGLIONO IL CONGIUNTIVO

- Secondo me / noi...
- A mio / nostro parere...
- A mio / nostro avviso...
- A mio / nostro giudizio...

... quest'oggetto...
- è...
- serve a...
- si usa per...
- fa...
- aiuta a...

© Loescher Editore 2021

21 Ritorno al futuro

B1 **COPPIE**

a GRAMMATICA
Congiuntivo presente;
condizionale presente;
futuro semplice; aggettivi
e pronomi indefiniti.

FUNZIONI COMUNICATIVE
Fare proposte e formulare
ipotesi su situazioni future.

LESSICO
Oggetti; società.

Materiali e preparazione

- **Scheda-oggetti** → predisporre una Scheda per ogni coppia
- **Elementi linguistici utili** → predisporre una copia per ogni coppia

 **È ora di parlare**

Lo scopo di questa attività è discutere e scegliere tre oggetti da spedire nel futuro.

L'insegnante divide gli studenti in **coppie** e consegna una copia dei materiali a ogni coppia.

Poi spiega: *Siete tutti **antropologi**, autorevoli membri dell'Associazione Antropologi Italiani. L'Associazione sta lavorando a un progetto importante: tra pochi giorni un'automobile DeLorean verrà mandata nel futuro. Arriverà nello stesso posto da cui partirà, nello stesso giorno e alla stessa ora, ma tra 1000 anni. All'interno dell'automobile l'Associazione metterà **tre oggetti** da "spedire" ai posteri per fargli capire **chi abitava la Terra e com'era la nostra società**. Discutete con il vostro compagno e decidete quali sono i tre oggetti da spedire nel futuro; per aiutarvi a esprimere la vostra opinione, potete usare le espressioni scritte negli **Elementi linguistici utili**. Poi disegnate i tre oggetti nella **Scheda-oggetti**.*

Alla fine, le coppie presentano le proprie scelte e motivazioni alla classe o all'insegnante.

Se l'attività è organizzata in forma di **sfida** e si svolge in classe, l'insegnante chiede agli studenti di votare per la coppia che ha espresso la scelta più originale (è vietato votare per la propria coppia!) e assegna la vittoria alla coppia che riceve più voti.

Esempio di produzione

Studente A: Allora, come primo oggetto penso che dovremmo scegliere una pentola. Nessuno userà più le pentole nel futuro.
Studente B: E perché?
A: Beh, mangeranno tutti cibo in pillole!
B: Ah, d'accordo. Io credo che sia utile spedire nel futuro un libro di carta. Tra 1000 anni ci saranno altri modi di leggere, tutti digitali.
A: Hai ragione! E il terzo oggetto?
B: Mi sembra che potrebbe essere utile spedire nel futuro uno smartphone perché tra 1000 anni nessuno lo userà più. Tutti comunicheranno con la forza del pensiero!
A: No, non ci credo! Io ho l'impressione che dovremmo scegliere il ferro da stiro: sono convinta che nel futuro parecchie persone avranno camicie auto-stiranti!

ELEMENTI LINGUISTICI UTILI

VERBI DI PENSIERO CHE SI POSSONO USARE CON IL CONGIUNTIVO O IL CONDIZIONALE

Verbo di pensiero
- Penso / Pensiamo che...
- Credo / Crediamo che...
- Mi / Ci sembra che...
- Mi / Ci pare che...
- Ritengo / Riteniamo che...
- Immagino / Immaginiamo che...
- Suppongo / Supponiamo che...
- Ho / Abbiamo l'impressione che...

Congiuntivo / Condizionale
- ...sia / sarebbe una bella idea...
- ...possa / potrebbe essere utile spedire...
- ...dobbiamo / dovremmo scegliere...
- ...non abbia / avrebbe senso aggiungere...

AGGETTIVI E PRONOMI INDEFINITI

Nel futuro...
- alcuni / alcune persone mangeranno...
- certi / certe persone leggeranno...
- altri / altre persone dormiranno...
- qualcuno / qualche persona preferirà...
- nessuno / nessuna persona userà...
- parecchi / parecchie persone penseranno...
- tutti / tutte le persone andranno...

© Loescher Editore 2021

22 Mi va a pennello

 COPPIE

B1

 GRAMMATICA
Pronomi personali
(atoni e tonici); pronomi
indiretti, diretti,
combinati; condizionale
presente.

 FUNZIONI COMUNICATIVE
Fare richieste gentili che
riguardano i vestiti. Dare
risposte scontrose.

 LESSICO
Abbigliamento.

Materiali e preparazione

- **Tessere-situazione** → predisporre una Tessera per ogni coppia
- **Scheda-armadio** → predisporre una Scheda per ogni coppia
- **Elementi linguistici utili** → predisporre una copia per ogni coppia

 ## È ora di parlare

Lo scopo di questa attività è chiedere dei vestiti in prestito in modo cortese e rispondere rifiutando. L'insegnante divide gli studenti a **coppie**; in ogni coppia uno studente interpreta un **gemello gentile** e uno interpreta un **gemello scontroso**. Poi consegna una **Tessera-situazione** al gemello gentile, una **Scheda-armadio** a ogni coppia e gli **Elementi linguistici utili** (la prima parte al gemello gentile e la seconda al gemello scontroso).

Terminata questa fase di preparazione, spiega: *Siete due gemelli, uno gentile e uno scontroso. State di fronte al guardaroba del gemello scontroso, che vedete illustrato nella Scheda-armadio. Infatti, molti vestiti del gemello gentile sono nella cesta dei panni sporchi, e lui prova a **chiedere gentilmente dei vestiti in prestito** al gemello scontroso. Se siete il gemello gentile, chiedete dei vestiti adatti alla situazione della Tessera che avete ricevuto: spiegate a che cosa vi servono i vestiti e perché quelli del gemello scontroso sono perfetti. Usate il **condizionale** per essere gentili ("vorrei", "mi daresti...?" ecc.); e usate il maggior numero possibile di **pronomi diretti, indiretti e combinati**. Potete aiutarvi usando gli **Elementi linguistici utili per il gemello gentile**. Se siete il gemello scontroso, opponete resistenza inventando delle scuse per non prestare i vestiti e usando **espressioni negative e scontrose**, aiutandovi con gli **Elementi linguistici utili per il gemello scontroso**. Attenzione! Avete **dieci minuti** per questa conversazione.* Allo scadere del tempo, l'insegnante chiede agli studenti di **scambiarsi i ruoli**, e distribuisce delle nuove Tessere-situazione agli studenti che interpretano i gemelli gentili.

Se l'attività è organizzata in forma di **sfida**, l'insegnante chiede agli studenti, prima che si scambino i ruoli, di rappresentare il proprio dialogo davanti alla classe: vince la coppia che ha usato correttamente il maggior numero di pronomi personali.

Esempio di produzione

[Tessera-situazione: jogging al parco.]
Gemello Gentile: Potresti venire in camera? Sono qui, davanti all'armadio!
Gemello Scontroso: Che c'è?
GG: Devo andare al parco a correre più tardi ma ho tutti i vestiti da lavare...

GS: E allora?
GG: Mi presteresti la tua felpa blu? Mi piace così tanto...
GS: Neanche per sogno.
GG: Dai dai dai, me la daresti? Mi va a pennello, l'ho provata ieri!

GS: Assolutamente no. La felpa blu serve a me oggi!
GG: Ti prego, gemellino, mi faresti questo favore?
[...]

JOGGING AL PARCO

CENA DI GALA

GIARDINAGGIO

COLLOQUIO DI LAVORO

MATTINATA DI SURF

FINE SETTIMANA IN BAITA

PASSEGGIATA SULLA SPIAGGIA

APERITIVO CON GLI AMICI

POMERIGGIO AL MUSEO

DOMENICA "A FUNGHI" NEL BOSCO

SERATA A TEATRO

MATINÉE AL CINEMA

© Loescher Editore 2021

ELEMENTI LINGUISTICI UTILI PER IL GEMELLO GENTILE

Verbi usati con pronomi diretti e/o indiretti

- volere qualcosa
- provarsi qualcosa
- mettersi qualcosa
- chiedere qualcosa a qualcuno
- prestare qualcosa a qualcuno
- dare qualcosa a qualcuno
- piacere a qualcuno
- andare a pennello a qualcuno
- stare bene a qualcuno
- servire a qualcuno

ELEMENTI LINGUISTICI UTILI PER IL GEMELLO SCONTROSO

Espressioni negative e/o scontrose

- Che c'è?
- E allora?
- Neanche per sogno!
- Zero proprio!
- Assolutamente no!
- Non ci pensare neanche!
- Te lo sogni!
- Non esiste!
- Ma anche no!
- Scordatelo!
- Ma sei fuori?
- No è no.

© Loescher Editore 2021

23 Ragno porta guadagno

B1 **INDIVIDUALE**

GRAMMATICA
Congiuntivo presente e passato.

LESSICO
Animali; indicatori temporali.

FUNZIONI COMUNICATIVE
Formulare ipotesi sulle superstizioni.

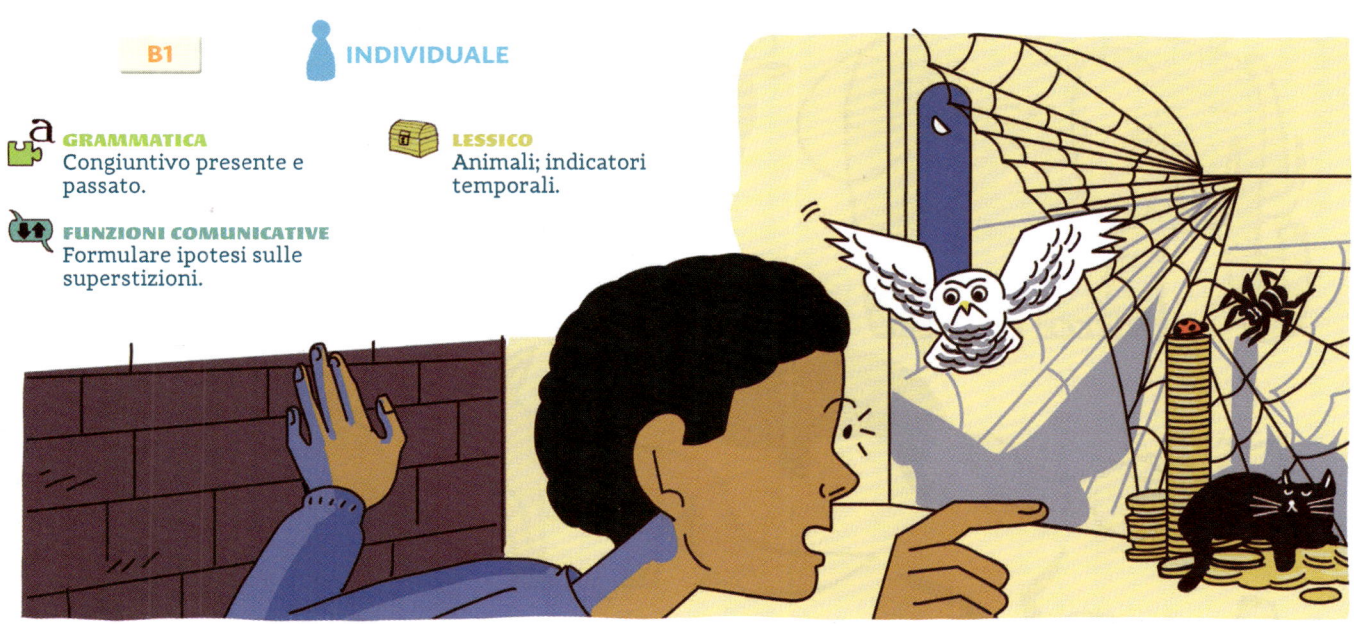

Materiali e preparazione

- **Scheda-animali** → predisporre la Scheda per lo studente
- **Elementi linguistici utili** → predisporre una copia per lo studente
- (iw) **Scheda-animali** ed **Elementi linguistici utili online** → per lezione a distanza

 **È ora di parlare**

Lo scopo di questa attività è raccontare una leggenda relativa a un animale porta fortuna o porta sfortuna.

L'insegnante chiede allo studente di **identificare gli animali** presenti nella **Scheda-animali** e di dire se, nella sua cultura di appartenenza e nella cultura italiana, ognuno di questi animali porta fortuna o porta sfortuna, o nessuna delle due.

Poi spiega: *Ora guarda ancora una volta la* **Scheda-animali** *e scegli un animale. Inventa una breve* **leggenda** *per spiegare la superstizione (positiva o negativa) che lo riguarda. Aiutandoti con gli* **Elementi linguistici utili**, *usa il più possibile i* **verbi di narrazione che vogliono il congiuntivo** *e gli* **indicatori temporali**.

Esempio di produzione

[Lo studente ha scelto il ragno.]
Studente: Si dice che un giorno, molto tempo fa, un uomo abbia trovato un ragno in casa. L'uomo era molto povero e la casa piccola e trascurata, e si narra che all'inizio l'uomo si sia arrabbiato con il ragno: "Vai via! Sei brutto! La casa è ancora più sporca con te dentro!". Ma dicono che il ragno non si sia mosso e, anzi, abbia parlato: "Se mi darai un piccolo angolo di casa tua per la mia ragnatela, ogni giorno troverai un soldino proprio in quell'angolo, sotto la ragnatela". Si racconta che l'uomo abbia detto di sì e che da quel giorno abbia trovato un soldino ogni mattina, sotto la ragnatela, e che poco a poco sia diventato ricco. Per questo ancora adesso pensiamo che il ragno sia un animale fortunato: "Ragno porta guadagno"!

ELEMENTI LINGUISTICI UTILI

VERBI DI NARRAZIONE CHE VOGLIONO IL CONGIUNTIVO

- si dice che...
- dicono che...
- si narra che...
- narrano che...
- si racconta che...
- raccontano che...

INDICATORI TEMPORALI

- un giorno / un tempo / una volta
- prima / inizialmente / all'inizio
- dopo / in seguito / poi / successivamente
- nello stesso momento / contemporaneamente
- poco a poco / poco alla volta
- alla fine / infine
- ora / adesso

© Loescher Editore 2021

24 Tipi... da spiaggia!

 **GRAMMATICA**
Pronomi relativi; imperfetto; passato prossimo.

 **FUNZIONI COMUNICATIVE**
Descrivere una persona facendo riferimento all'aspetto fisico, al carattere e a fatti passati della sua vita.

LESSICO
Aspetto fisico; carattere; collocazione relativa nello spazio; la spiaggia.

Materiali e preparazione

- **Scheda-famiglia in spiaggia** → predisporre la Scheda per lo studente
- **Elementi linguistici utili** → predisporre una copia per lo studente
- **iw** **Scheda-famiglia in spiaggia online** ed **Elementi linguistici utili online** → per lezione a distanza

 È ora di parlare

Lo scopo di questa attività è descrivere un membro della propria famiglia tra la folla di una spiaggia. L'insegnante chiede allo studente di guardare il disegno presente nella **Scheda-famiglia in spiaggia**. Poi spiega: *Immagina che questo disegno rappresenti i tuoi familiari e amici in vacanza sulla spiaggia. Scegli un personaggio del disegno e descrivilo con un riferimento preciso, usando un* **pronome relativo**: *ad es. "La ragazza che sta accanto all'ombrellone rosso e bianco è mia sorella Agata...". Poi descrivi* **il suo aspetto fisico e il carattere**: *ad es. "...quella biondina curiosa e indiscreta". Puoi aiutarti con gli* **Elementi linguistici utili**. *Infine, fai riferimento a* **un fatto specifico del suo passato**, *usando il passato prossimo, o a* **un'abitudine passata**, *usando l'imperfetto: ad es. "...infatti quando eravamo piccole mi guardava sempre il diario segreto!".*

Esempio di produzione

Studente: Il signore elegante e slanciato a cui mia sorella Agata sta passando la crema solare è il nonno Ernesto, che è un bravo pittore anche se un po' brontolone. Mi ricordo che una volta, quando ero piccola, abbiamo dipinto insieme il Canal Grande su una tela enorme!

© Loescher Editore 2021

PRONOMI RELATIVI

- che (soggetto):
  La bambina che mangia il gelato...

- che (oggetto):
  Il ragazzo che vedi alla destra del nonno...

- preposizione + cui:
  La signora anziana a cui mia zia sta mostrando il costume nuovo...

  Il ragazzino con cui parla mia mamma...

AGGETTIVI PER DESCRIVERE L'ASPETTO FISICO

- secco/-a
- tarchiato/-a
- muscoloso/-a
- slanciato/-a
- tatuato/-a
- abbronzato/-a
- lentigginoso/-a
- spettinato/-a
- snello/-a

AGGETTIVI PER DESCRIVERE IL CARATTERE

- esuberante
- bisbetico/-a
- saccente
- premuroso/-a
- goffo/-a
- imperturbabile
- diffidente
- tirchio/-ia
- buffo/-a

25 Ai ferri corti

B2 CLASSE

GRAMMATICA
Comparativi e superlativi relativi (anche irregolari).

LESSICO
Prefissi accrescitivi con aggettivi e sostantivi.

FUNZIONI COMUNICATIVE
Partecipare a un dibattito o a una discussione; esporre una tesi o un'argomentazione.

Materiali e preparazione

- **Scheda-discussioni** → predisporre la Scheda per la classe
- **Elementi linguistici utili** → predisporre una copia per ogni studente
- (iw) **Scheda-discussioni personalizzabile** → nel caso l'insegnante voglia personalizzare l'attività
- (iw) **Scheda-discussioni** ed **Elementi linguistici utili online** → per lezione a distanza

 ## È ora di parlare

Lo scopo di questa attività è mettere in scena una discussione tra due gruppi che hanno opinioni opposte.

L'insegnante divide la classe in due gruppi (**Gruppo A** e **Gruppo B**) e distribuisce una fotocopia degli **Elementi linguistici utili** a ogni studente. Poi chiama uno studente e gli chiede di scegliere una delle **discussioni** presenti nella **Scheda-discussioni** e di scriverla alla lavagna.

Terminata questa fase di preparazione, spiega: *Siete tutti amici e avete appena finito un ottimo pranzo. Restate a tavola per una "chiacchierata digestiva", come si fa in Italia. Parlate dell'argomento che ho scritto alla lavagna. Il Gruppo A è composto da* **appassionati sostenitori della prima alternativa**, *mentre il Gruppo B è formato da* **entusiasti difensori della seconda alternativa**. *Intavolate la discussione: i due gruppi si alternano per prendere la parola. Prima parla lo studente di un gruppo e sostiene la sua idea, poi lo studente dell'altro gruppo sostiene l'idea opposta. Ogni studente può intervenire nuovamente solo quando tutti gli altri compagni di squadra hanno già parlato. Durante il dibattito sarete sempre più ai ferri corti e dovrete sottolineare gli* **aspetti positivi** *della vostra alternativa: per fare questo usate i* **prefissi accrescitivi** *davanti ai nomi e agli aggettivi e i* **comparativi e superlativi** *regolari e irregolari, aiutandovi con gli Elementi linguistici utili.*

L'insegnante stabilisce un tempo per il dibattito (ad es. cinque minuti), poi interrompe la discussione, chiama uno studente, gli chiede di scegliere un'altra discussione dalla Scheda-discussioni e di scriverla alla lavagna, e così via.

Se l'attività è organizzata in forma di **sfida**, l'insegnante conta i prefissi, i comparativi e superlativi usati da ogni gruppo, e assegna la vittoria al gruppo che ne ha usati di più.

Esempio di produzione

[Tessera: pasta corta e pasta lunga.]

Gruppo A: Scusate, ma per noi niente batte un piatto di pasta corta. Penne, fusilli... Sono arcibuoni, non c'è niente da fare.
Gruppo B: Cioè, vorreste dire che la pasta corta è migliore della pasta lunga?

A: Ovvio, anzi è proprio la migliore in assoluto.
B: Ma un piatto di fusilli è senza dubbio inferiore a un buon piatto di tagliatelle o di spaghetti!
A: Assolutamente no: la pasta lunga è banale, invece la pasta corta è più originale e più varia. La cucini per cena ed è un megasuccesso assicurato.

1. pasta lunga

2. pasta corta

1. nord Italia

2. sud Italia

1. caffè con zucchero

2. caffè senza zucchero

1. vacanze al mare

2. vacanze in montagna

1. un film ispirato a un libro

2. un libro ispirato a un film

1. gelato alla frutta

2. gelato alle creme

1. scrivere un'email

2. scrivere una lettera

1. un sito online di ricette italiane

2. un vecchio libro di ricette italiane

1. guardare una partita di calcio importante in TV

2. giocare una partita di calcio tra amici

1. colazione dolce

2. colazione salata

1. albero di Natale di plastica

2. albero di Natale vero

1. vivere in città

2. vivere in campagna

1. lavorare in ufficio

2. lavorare da casa

1. andare a teatro

2. andare al cinema

1. leggere un libro

2. ascoltare un podcast

1. arrivare in ritardo

2. arrivare in anticipo

PREFISSI ACCRESCITIVI DAVANTI A NOMI

- mega-
- super-
- iper-
- macro-
- maxi-

PREFISSI ACCRESCITIVI DAVANTI AD AGGETTIVI

- mega-
- super-
- iper-
- ultra-
- arci-
- extra-
- stra-

COMPARATIVI E SUPERLATIVI IRREGOLARI

- migliore – il migliore
- peggiore – il peggiore
- maggiore – il massimo
- minore – il minimo
- inferiore
- superiore

PREFISSI ACCRESCITIVI DAVANTI A NOMI

- mega-
- super-
- iper-
- macro-
- maxi-

PREFISSI ACCRESCITIVI DAVANTI AD AGGETTIVI

- mega-
- super-
- iper-
- ultra-
- arci-
- extra-
- stra-

COMPARATIVI E SUPERLATIVI IRREGOLARI

- migliore – il migliore
- peggiore – il peggiore
- maggiore – il massimo
- minore – il minimo
- inferiore
- superiore

PREFISSI ACCRESCITIVI DAVANTI A NOMI

- mega-
- super-
- iper-
- macro-
- maxi-

PREFISSI ACCRESCITIVI DAVANTI AD AGGETTIVI

- mega-
- super-
- iper-
- ultra-
- arci-
- extra-
- stra-

COMPARATIVI E SUPERLATIVI IRREGOLARI

- migliore – il migliore
- peggiore – il peggiore
- maggiore – il massimo
- minore – il minimo
- inferiore
- superiore

PREFISSI ACCRESCITIVI DAVANTI A NOMI

- mega-
- super-
- iper-
- macro-
- maxi-

PREFISSI ACCRESCITIVI DAVANTI AD AGGETTIVI

- mega-
- super-
- iper-
- ultra-
- arci-
- extra-
- stra-

COMPARATIVI E SUPERLATIVI IRREGOLARI

- migliore – il migliore
- peggiore – il peggiore
- maggiore – il massimo
- minore – il minimo
- inferiore
- superiore

© Loescher Editore 2021

26 Scopriamo gli altarini

B2  CLASSE

 **GRAMMATICA**
Futuro semplice
e anteriore per
fare supposizioni.

FUNZIONI COMUNICATIVE
Fare ipotesi.

LESSICO
Vario, vedi contenuto
delle Tessere-situazione.

Materiali e preparazione

- **Tessere-situazione** → predisporre le Tessere per la classe
- **Tessere-situazione personalizzabili** → nel caso l'insegnante voglia personalizzare l'attività

 È ora di parlare

Lo scopo di questa attività è indovinare la causa di una determinata situazione formulando ipotesi.
L'insegnante fotocopia e ritaglia le **Tessere-situazione** e le mette in un contenitore o in un cappello.
Poi chiede agli studenti di formare un grande **cerchio** al centro della classe.
Uno studente scelto dall'insegnante (o dalla classe, o che si è offerto volontario) pesca una **Tessera-situazione** e non la fa vedere alla classe. Poi pensa per un paio di minuti a una possibile causa della situazione descritta dalla Tessera, e la scrive sul lato destro della Tessera, sotto la parola "CAUSA".
Terminata questa fase di preparazione, l'insegnante spiega: *Adesso il vostro compagno descriverà la situazione che ha pescato ma non la causa che ha scritto. Lui interpreta **una persona** che dovrebbe essere in un certo posto, ma non c'è, e vi descrive la situazione. Voi, a turno, dovete avanzare delle **ipotesi sulla causa della sua assenza** usando il **futuro semplice** e il **futuro anteriore**. Quando uno di voi si avvicina alla risposta esatta, il vostro compagno si avvicina a voi. Quando uno di voi indovina la causa dell'assenza "si scoprono gli altarini", cioè si rende pubblico un fatto che si vorrebbe tenere segreto, magari perché causa un po' di imbarazzo. Il compagno mostra la Tessera alla classe per il controllo collettivo, e poi prende il posto dello studente che ha indovinato. Questa persona si mette al centro del cerchio, pesca un'altra Tessera-situazione, e il gioco ricomincia.*

Esempio di produzione

[Tessera-situazione: "Sei la nonna e non sei ancora arrivata al pranzo di Capodanno e tutta la famiglia si chiede che cosa sarà successo".]
Studente A: Sono la nonna e non sono ancora arrivata al pranzo di Capodanno. Voi siete la mia famiglia e vi chiedete che cosa sarà successo.

Studente B: La nonna si sarà svegliata tardi...
[Lo studente A non si muove.]
Studente C: Avrà trovato traffico per strada...
[Lo studente A non si muove.]
Studente D: Avrà preparato una torta per portarla da noi!

[Lo studente A si avvicina allo studente D.]
Studente E: Ma la torta si sarà bruciata e la nonna adesso ne starà facendo un'altra!
[Lo studente A va dallo studente E, mostra la Tessera a tutta la classe e poi si scambia di posto con lo studente E.]

SITUAZIONE	CAUSA
Sei la nonna, non sei ancora arrivata al pranzo di Capodanno e tutta la famiglia si chiede che cosa sarà successo.	....

✂ -

SITUAZIONE	CAUSA
Sei il collega che non è arrivato al lavoro stamattina e tutto l'ufficio si chiede che cosa sarà successo.	....

✂ -

SITUAZIONE	CAUSA
Sei una chirurga, non sei ancora arrivata in sala operatoria e tutti gli infermieri e anestesisti si chiedono che cosa sarà successo.	....

✂ -

SITUAZIONE	CAUSA
Sei uno scrittore, non sei ancora arrivato al tavolo per autografare i libri e tutti gli ammiratori in coda si chiedono che cosa sarà successo.	....

✂ -

SITUAZIONE	CAUSA
Sei l'amica che non è ancora arrivata al circolo delle bocce degli anziani per la partita del sabato pomeriggio e tutti i membri del circolo si chiedono che cosa sarà successo.	....

© Loescher Editore 2021

SITUAZIONE	CAUSA
Sei la domatrice dei leoni, non sei ancora arrivata nella pista del tendone del circo e tutti gli spettatori si chiedono che cosa sarà successo.	....

SITUAZIONE	CAUSA
Sei il maestro, non sei ancora arrivato in classe il primo giorno di scuola, e i bambini si chiedono che cosa sarà successo.	....

SITUAZIONE	CAUSA
Sei l'idraulica, non sei ancora arrivata per riparare il rubinetto della cucina, e la famiglia che ti aspetta si chiede che cosa sarà successo.	....

SITUAZIONE	CAUSA
Sei il sindaco, non sei ancora arrivato al nuovo museo per inaugurarlo, e tutti i presenti si chiedono che cosa sarà successo.	....

SITUAZIONE	CAUSA
Sei la persona che dà da mangiare agli animali dello zoo, non sei ancora arrivata con il cibo, e tutti gli animali si chiedono che cosa sarà successo.	....

27 Viva gli sposi

B2 ♟♟♟♟ GRUPPI

GRAMMATICA
Futuro nel passato (condizionale passato).

LESSICO
Matrimonio; feste; famiglia; convivialità.

FUNZIONI COMUNICATIVE
Esprimere eventi futuri nel passato.

Materiali e preparazione

- **Tessere-identikit** → predisporre una Tessera per ogni studente
- **Lessico utile** → predisporre una copia per ogni studente

È ora di parlare

Lo scopo di questa attività è socializzare con gli invitati a un matrimonio parlando di cose che si pensava sarebbero accadute, ma non sono accadute.

L'insegnante fotocopia e ritaglia le **Tessere-identikit**, divide gli studenti in gruppi, e dà una Tessera e una copia del **Lessico utile** a ogni studente. Poi spiega: *Siete alcuni tra gli **invitati a un matrimonio**. Lavorate individualmente e completate la vostra **Tessera-identikit** con i dati e il ritratto della persona che volete essere: siete completamente liberi di **inventare** il vostro personaggio. Quando avete finito, lavorate nel vostro gruppo: **presentatevi** dando informazioni su di voi e **chiedete informazioni** sugli altri. Se incontrate un personaggio che mette in dubbio la vostra identità (ad es. siete la madre della sposa e incontrate un'altra madre della sposa), dovete cercare di giustificarvi e difendere il vostro ruolo. Poi cominciate a **spettegolare** sugli sposi usando un verbo di pensiero al passato (ad es. "pensavo che", "credevo che", "mi aspettavo che") e, in dipendenza da questo, il **condizionale passato** per esprimere un fatto che pensavate sarebbe avvenuto, e che invece non si è realizzato (ad es. "Pensavo che il velo della sposa sarebbe stato bianco, invece è verde!"). Potete aiutarvi con le parole presenti nel Lessico utile.*

Alla fine dell'attività, l'insegnante può chiedere a ogni gruppo di eleggere un portavoce che descrive gli invitati del suo gruppo agli altri gruppi e riassuma la conversazione che hanno fatto.

Esempio di produzione

Studente A: Salve, sono la migliore amica di Gianni, lo sposo. Lei è la nonna della sposa?
Studente B: Ma no, come si permette?? Io sono Licia Diamanti, la madre della sposa!
Studente C: Buonasera, signore! Mi presento! Io sono Camilla, l'ex-fidanzata dello sposo.

A: Veramente? Strano, perché non ci siamo mai incontrate... Piacere, Stefania. Comunque non pensavo che Gianni si sarebbe mai sposato.
B: Ah no? E perché? Non è una persona seria?
C: No no, è un bravo ragazzo, però anch'io non pensavo che avrebbe messo su casa con Lisa...

A: Verissimo! Tra l'altro mi aspettavo che Lisa avrebbe scelto un vestito da sposa un po' più bello sinceramente...
B: Ma come?! Quel vestito gliel'ho regalato io: ero sicura che avrebbe fatto un figurone!
[...]

TESSERE·IDENTIKIT

- Nome: ....
- Cognome: ....
- Età: ....
- Professione: ....
- Rapporto con sposo / sposa: ....
....
- Esperienze particolari: ....
....
....
....

- Nome: ....
- Cognome: ....
- Età: ....
- Professione: ....
- Rapporto con sposo / sposa: ....
....
- Esperienze particolari: ....
....
....
....

- Nome: ....
- Cognome: ....
- Età: ....
- Professione: ....
- Rapporto con sposo / sposa: ....
....
- Esperienze particolari: ....
....
....
....

- Nome: ....
- Cognome: ....
- Età: ....
- Professione: ....
- Rapporto con sposo / sposa: ....
....
- Esperienze particolari: ....
....
....
....

- Nome: ....
- Cognome: ....
- Età: ....
- Professione: ....
- Rapporto con sposo / sposa: ....
....
- Esperienze particolari: ....
....
....
....

- Nome: ....
- Cognome: ....
- Età: ....
- Professione: ....
- Rapporto con sposo / sposa: ....
....
- Esperienze particolari: ....
....
....
....

il matrimonio

le nozze

sposarsi

convolare a nozze

civile

religioso

lo sposo

la sposa

la fede

la lista di nozze

il viaggio di nozze

la luna di miele

l'abito da sposa

il velo

la torta nuziale

il bouquet

il banchetto nuziale

il fidanzato

la fidanzata

l'anello di fidanzamento

il/la testimone

la comunione dei beni

la separazione dei beni

il cognome da nubile

l'addio al celibato

l'addio al nubilato

i confetti

la bomboniera

© Loescher Editore 2021

28 Le faremo sapere

B2  GRUPPI

 **GRAMMATICA**
Condizionale passato
per esprimere fatti o
desideri non realizzati.

 **FUNZIONI COMUNICATIVE**
Argomentare, convincere,
esprimere fatti o desideri
non realizzati.

LESSICO
Lavoro.

Materiali e preparazione

▪ **Tessere-candidato** → predisporre una Tessera per ogni studente-candidato

▪ **Schede-lavoro** → predisporre una Scheda per ogni gruppo

 È ora di parlare

Lo scopo di questa attività è rappresentare un colloquio di lavoro e cercare di farsi assumere.
L'insegnante fotocopia e ritaglia le Tessere-candidato e le Schede-lavoro. Poi divide gli studenti in piccoli gruppi e nomina un **consulente dell'agenzia interinale** in ogni gruppo: al consulente consegna una **Scheda-lavoro**. Gli altri membri del gruppo sono i **candidati** (seduti in riga di fronte al consulente), e l'insegnante consegna una **Tessera-candidato** a ognuno di loro. Infine, chiede a tutti gli studenti di completare i materiali con informazioni di fantasia, senza mostrarli ai compagni.
Terminata questa fase di preparazione, spiega: *Voi candidati siete iscritti all'agenzia interinale dove lavora il consulente e venite periodicamente chiamati a fare un colloquio quando c'è un nuovo lavoro disponibile. Questa volta il consulente sta cercando il **candidato ideale** per il lavoro descritto nella Tessera che ha in mano. Voi andate all'agenzia e dovete affrontare il colloquio. Il consulente vi spiega le caratteristiche del lavoro che offre e fa a tutti le stesse domande per verificare le vostre **affinità con il lavoro** disponibile. Voi, a turno, rispondete usando le informazioni sulle Tessere e arricchendo i dati a disposizione per **convincere il consulente** ad assumervi. Alla fine, il consulente vi ringrazia e dice: "Vi faremo sapere". Poi finge di telefonare a ognuno per **comunicare l'esito del colloquio**: fa una breve telefonata di congratulazioni al candidato migliore, mentre ai candidati non scelti comunica la decisione usando il **condizionale passato**, ad es. "Guardi, l'avremmo scelta ma...", "Lei sarebbe stato il candidato ideale, però...", "Questo lavoro si sarebbe rivelato perfetto per Lei, se non fosse che...".*

Esempio di produzione

Consulente: Signori, buongiorno e grazie per essere venuti. Oggi abbiamo un posto vacante di... dogsitter! Avete esperienza nel campo? Prego, cominci Lei...
Candidato A: Ma certo! Lavoro come assistente-veterinario da quando avevo diciotto anni e ho una grande esperienza!
C: Ottimo. E Lei?
Candidato B: Guardi, io lavoro nel campo dell'informatica ma vorrei cambiare settore. Ho sempre avuto molti cani miei, e nel fine settimana porto fuori i cani dei vicini.
C: Per il lavoro sono richieste delle conoscenze informatiche di base per aggiornare il database con i dati dei clienti e dei cani. Lei è bravo con il computer?
A: In realtà non uso mai il computer, ma non è un problema perché imparo velocemente qualsiasi cosa!
C: Hmmm. E Lei invece è nel settore, no?
B: Esatto! Come programmatore, potrei creare un nuovo applicativo a costo zero!
C: Grazie a tutti! Vi faremo sapere!
[Finisce il colloquio e il consulente telefona ai candidati.]
C: Drin drin! Drin drin!
A: Pronto?
C: Sì, buongiorno, è l'Agenzia "Il lavoro giusto"... La chiamo per il lavoro di dogsitter... Guardi, L'avremmo scelta ma purtroppo le conoscenze informatiche sono essenziali e Lei non ha dimostrato di averne a sufficienza.

● Nome: ....
● Cognome: ....
● Esperienza lavorativa precedente: ....
....
....
....
....
● Lingue straniere: ....
....
● Conoscenze informatiche: ....
....
● Tratti della personalità: ....
....
....
....
● Automunito: ☐ sì   ☐ no

● Nome: ....
● Cognome: ....
● Esperienza lavorativa precedente: ....
....
....
....
....
● Lingue straniere: ....
....
● Conoscenze informatiche: ....
....
● Tratti della personalità: ....
....
....
....
● Automunito: ☐ sì   ☐ no

● Nome: ....
● Cognome: ....
● Esperienza lavorativa precedente: ....
....
....
....
....
● Lingue straniere: ....
....
● Conoscenze informatiche: ....
....
● Tratti della personalità: ....
....
....
....
● Automunito: ☐ sì   ☐ no

● Nome: ....
● Cognome: ....
● Esperienza lavorativa precedente: ....
....
....
....
....
● Lingue straniere: ....
....
● Conoscenze informatiche: ....
....
● Tratti della personalità: ....
....
....
....
● Automunito: ☐ sì   ☐ no

© Loescher Editore 2021

- Nome del lavoro: ....
- Mansioni principali: ....
....
- Esperienza richiesta: ....
....
- Lingue straniere richieste: ....
- Conoscenze informatiche richieste: ....
....
- Personalità ideale: ....
....
- Orario di lavoro: ....
- Necessità di automobile: ☐ sì   ☐ no
- Domande da fare ai candidati: ....
....
....
....

- ✂

- Nome del lavoro: ....
- Mansioni principali: ....
....
- Esperienza richiesta: ....
....
- Lingue straniere richieste: ....
- Conoscenze informatiche richieste: ....
....
- Personalità ideale: ....
....
- Orario di lavoro: ....
- Necessità di automobile: ☐ sì   ☐ no
- Domande da fare ai candidati: ....
....
....
....

© Loescher Editore 2021

29 Il punto morto

B2  COPPIE

 **GRAMMATICA**
Imperfetto; passato e trapassato prossimo; passato remoto.

FUNZIONI COMUNICATIVE
Narrare vicende storiche.

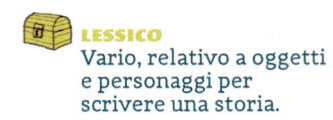 **LESSICO**
Vario, relativo a oggetti e personaggi per scrivere una storia.

Materiali e preparazione

■ Tessere-racconto → predisporre una Tessera per ogni studente

(iw) Tessere-racconto personalizzabili → nel caso l'insegnante voglia personalizzare l'attività

 ## È ora di parlare

Lo scopo di questa attività è inventare una storia seguendo degli indizi e trovare un finale.

L'insegnante fotocopia e ritaglia le **Tessere-racconto**. Poi divide gli studenti a **coppie** e consegna a ciascun membro di ogni coppia una Tessera-racconto, facendo attenzione che all'interno di ogni coppia ci siano sempre due Tessere diverse.

Terminata questa fase di preparazione, spiega: *Siamo in un paesino di montagna e voi siete dei **contastorie** che si incontrano al Circolo del Filò per aiutarsi: infatti, soffrite tutti di una terribile mancanza di ispirazione. Ognuno di voi ha lavorato duramente per preparare una nuova **storia** da condividere questa sera con gli abitanti del paesino, ma vi **manca il finale**. Lavorate a coppie per aiutarvi l'un l'altro a **trovare l'ispirazione** per concludere la storia. Uno di voi usa gli indizi sulla Tessera-racconto per spiegare in poche parole la **trama** della sua storia, usando principalmente il **trapassato prossimo**. Quando arriva al punto morto, chiede aiuto al collega-contastorie: lui gli fa delle **domande** usando il **passato remoto** e l'**imperfetto** per aiutarlo a ritrovare l'ispirazione e concludere la storia. Alla fine, invertite le parti: il cantastorie che aveva aiutato il compagno usa gli indizi della Tessera-racconto per spiegare la sua storia e l'altro lo aiuta a trovare una conclusione facendogli delle domande.*

Se l'attività è organizzata in forma di **sfida**, l'insegnante dà a tutte le coppie della classe le stesse due Tessere-racconto e, alla fine dell'attività di conversazione, gli studenti con la stessa Tessera raccontano la propria storia. Poi, si assegna la vittoria votando la storia più originale o divertente.

Esempio di produzione

[Tessera-racconto 1]

Cantastorie A: Caro collega, questa è la mia storia. Il protagonista è un **uomo anziano**, che aveva vissuto una vita felice. Aveva sposato una donna intelligente che era diventata sua **moglie**, era stato un bravo **artigiano**, aveva avuto cinque **figli**, ed era andato in **pensione**. Aveva cominciato a scrivere un **diario** ogni sera ma, invece di scrivere che cos'era successo durante il giorno, si era ritrovato a scrivere gli avvenimenti del giorno dopo, cioè... **il futuro**! E si era accorto che ciò che scriveva si avverava! Ecco, adesso non so più come continuare, sono arrivato a un punto morto!

Cantastorie B: E che cosa fece allora l'uomo? Continuò a scrivere il diario?

A: Sì, esatto, continuò a scrivere il diario ogni sera.

B: E perché decise di fare così?

A: Hmmm... Perché decise di fare del bene agli altri.

B: Per quanto tempo durò questa magia?

A: Per anni e anni, finché un giorno si ammalò gravemente.

B: E allora cosa fece?

A: Chiamò i suoi nipoti e gli disse che dovevano usare il diario insieme, per fare del bene a qualcun altro: un amico o uno sconosciuto.

B: I figli furono contenti?

A: Sì, si commossero, e il padre morì felice. E il diario venne tramandato di generazione in generazione, per sempre.

B: Una storia bellissima! Grande!

1

| uomo anziano | moglie | artigiano | figli |
| pensione | diario | futuro | ??? |

2

| ragazzo giovane | violino | amore | una vecchia città |
| lettere | passato | finestra | ??? |

3

| carte da gioco | amici | bar | mistero |
| un gatto nero | polizia | giornali | ??? |

4

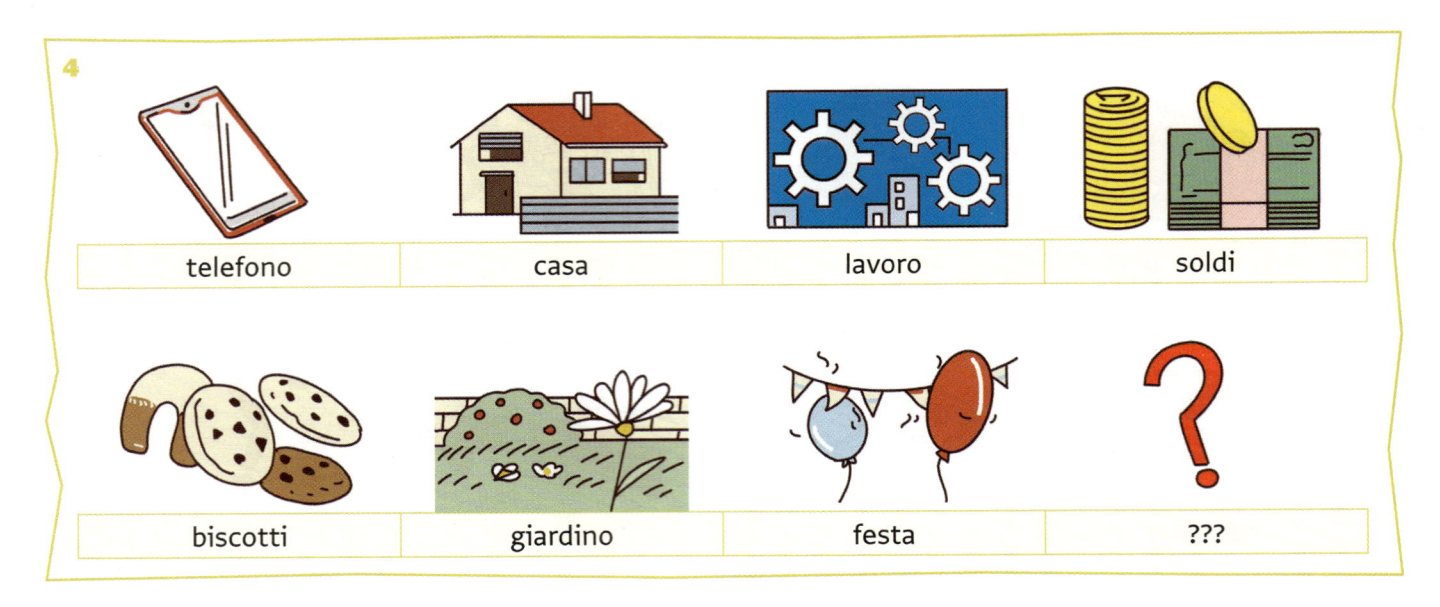

| telefono | casa | lavoro | soldi |
| biscotti | giardino | festa | ??? |

5

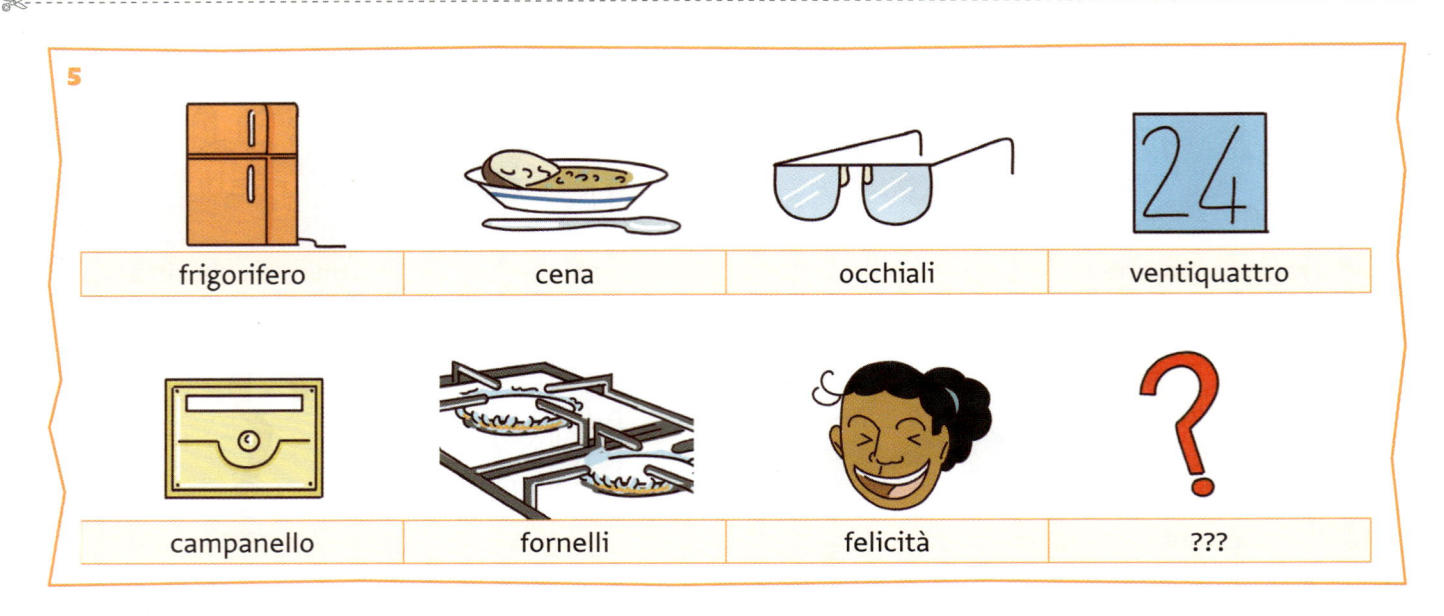

| frigorifero | cena | occhiali | ventiquattro |
| campanello | fornelli | felicità | ??? |

6

| medioevo | castello | guerra | regina |
| magia | vino | stelle | ??? |

© Loescher Editore 2021

7

| imperatore | Europa | fiume | firma |
| pace | sorpresa | messaggero | ??? |

8

| elettricità | buio | freddo | fiammiferi |
| compagnia | neonato | speranza | ??? |

9

| ragazza giovane | letteratura | estate | scienze |
| sabbia | scoperta | premio | ??? |

30 In alto mare

 GRAMMATICA
Ripasso di vari argomenti
grammaticali di livello B1 e B2,
vedi contenuto delle Schede.

LESSICO
Parole composte per
descrivere alcuni
oggetti, cibi e luoghi.

FUNZIONI COMUNICATIVE
Comporre frasi con parole ed
elementi grammaticali dati.

Materiali e preparazione

- Scheda-A e Scheda-B → predisporre una Scheda per ogni studente
- (iw) Schemi A e B personalizzabili → nel caso l'insegnante voglia personalizzare l'attività
- (iw) Schema vuoto personalizzabile → nel caso l'insegnante voglia personalizzare l'attività

 È ora di parlare

Lo scopo di questa attività di ripasso è giocare a battaglia navale e comporre delle frasi con alcuni termini composti ed elementi grammaticali dati.

L'insegnante divide gli studenti a **coppie** e nomina uno studente A e uno studente B in ogni coppia. Poi consegna agli **studenti A** la **Scheda-A**, e agli **studenti B** la **Scheda-B**. In ogni Scheda ogni studente ha lo Schema delle proprie navi (Schema A o Schema B) e lo Schema avversario, in cui segnare le navi dell'avversario che ha scoperto. Gli studenti non devono mostrare la propria Scheda al compagno.

Poi l'insegnante spiega: *Oggi giocate a battaglia navale. Comincia lo studente A: guarda lo Schema avversario nella Scheda-A e chiama una **combinazione formata da un nome composto** (riga orizzontale nella Scheda) **e da un elemento grammaticale** (riga verticale nella Scheda): ad es. "pescespada – imperfetto". Se lo studente B conferma che nel suo Schema in quella casella c'è una parte di una nave, dice "colpito!"; se c'è una nave intera o l'ultima parte di una nave, dice "affondato!". In entrambi i casi, lo studente A **deve inventare una frase che contenga l'oggetto e la struttura grammaticale** della combinazione (ad es. "La pesca del pescespada si praticava già nell'antichità"). Se sbaglia, la sua chiamata non è valida e la nave non viene colpita. Se, invece, la casella chiamata è vuota, lo studente B dice "Mancato! Sei in alto mare!". Poi lo studente B chiama la combinazione successiva. Per ricordare le combinazioni già uscite e cercare di affondare le navi, usate lo Schema avversario e colorate o fate una croce sulle caselle che avete chiamato.*

Se l'attività è organizzata in forma di **sfida**, l'insegnante assegna la **vittoria** alla coppia che per prima trova **tutte le navi** in entrambi gli schemi.

Esempio di produzione

Studente A: "Fermacarte", "ne"!
Studente B: Colpito! Inventa una frase.
A: Fa caldo e voglio tenere la finestra aperta, ma ho paura che un colpo di vento faccia volare tutti i fogli sul pavimento! Mi presti il tuo fermacarte? So che ne tieni uno sulla scrivania.
B: Benissimo!

A: Adesso tocca a te.
B: "Acquavite", "congiuntivo passato".
A: Mancato! Sei in alto mare! Tocca di nuovo a me...

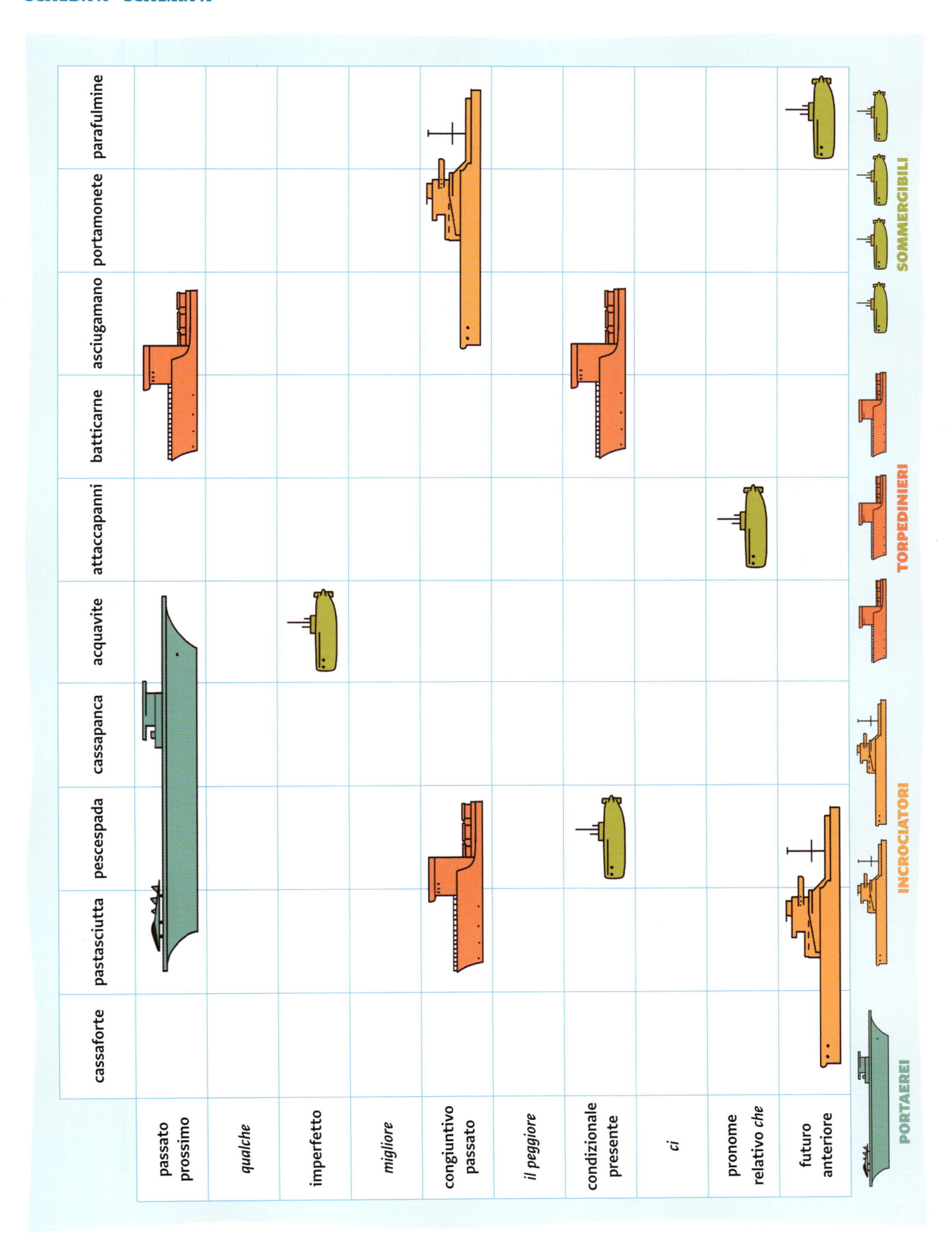

	acquasantiera	anticamera	battipanni	cartapesta	cavolfiore	francobollo	guardaroba	melograno	fermacarte	sottobicchiere
ne										
trapassato prossimo										
peggiore										
congiuntivo presente										
il migliore										
congiuntivo imperfetto										
pronome relativo *cui*										
condizionale passato										
qualcuno										
futuro anteriore										

© Loescher Editore 2021

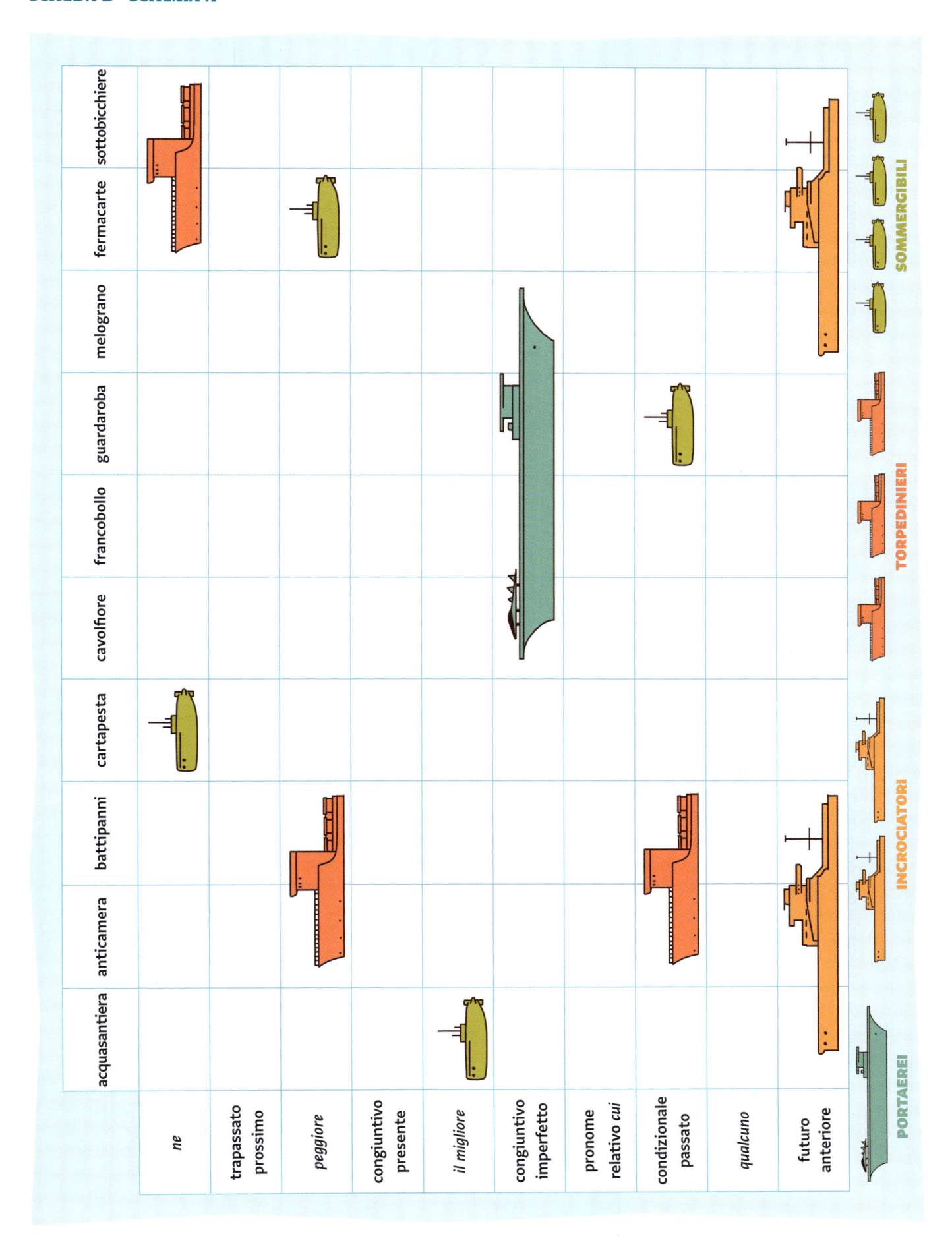

	parafulmine	portamonete	asciugamano	batticarne	attaccapanni	acquavite	cassapanca	pescespada	pastasciutta	cassaforte
passato prossimo										
qualche										
imperfetto										
migliore										
congiuntivo passato										
il peggiore										
condizionale presente										
ci										
pronome relativo che										
futuro anteriore										

© Loescher Editore 2021

31 Perle di saggezza

B2 | 👤 **INDIVIDUALE**

GRAMMATICA
Nessi per introdurre proposizioni finali, causali, disgiuntive, concessive, modali, eccettuative.

FUNZIONI COMUNICATIVE
Ampliare frasi esplicitandone fine, causa, alternativa, concessione, modo, eccezione.

LESSICO
Lessico contenuto in alcuni proverbi famosi, connettivi (nessi subordinanti).

Materiali e preparazione

- **Scheda-perle di saggezza** → predisporre la Scheda per lo studente
- (iW) **Scheda-perle di saggezza online** → per lezione a distanza

È ora di parlare

Lo scopo di questa attività è ampliare la spiegazione di alcuni famosi proverbi e risalire al proverbio originario dalla spiegazione.

L'insegnante condivide la **Scheda-perle di saggezza** con lo studente e ne esamina insieme a lui la struttura: spiegazioni dei proverbi nella cornice esterna, connettivi nella cornice di mezzo e proverbi famosi nella parte interna. Poi l'insegnante chiede allo studente di scegliere una delle **spiegazioni** presenti nella cornice esterna.

Terminata questa fase di preparazione, spiega: *Leggi la spiegazione e **amplia la frase due volte** scegliendo due **connettivi** nella cornice di mezzo **per aggiungere informazioni** riguardo allo scopo dell'azione, alla sua causa, a una possibile eccezione ecc. (ad es. "Le persone pigre non ottengono nulla poiché..." e "Le persone pigre non ottengono nulla a meno che...")*. *Quando hai finito, cerca nella parte centrale il **proverbio** che corrisponde alla spiegazione su cui hai lavorato, e disegna una croce sopra la perla corrispondente. Poi leggilo ad alta voce e racconta un episodio collegato a quel proverbio. Per raccontare, puoi sfruttare tutti i connettivi contenuti all'interno della Scheda. Una volta che hai finito, puoi continuare: scegli una nuova spiegazione nella cornice esterna, espandila in due modi scegliendo due connettivi diversi da quelli usati in precedenza, trova il proverbio corrispondente e racconta un episodio connesso al suo significato. Alla fine, leggi il proverbio rimasto tra quelli della parte interna della Scheda: sarà il tuo premio!*

Il compito dell'insegnante è quello di guidare lo studente nell'uso corretto dei connettivi e confermare la scelta dei proverbi.

Esempio di produzione

Insegnante: Quale spiegazione hai scelto nella cornice esterna della Scheda?
Studente: Mi piace la spiegazione che dice che è difficile sradicare una cattiva abitudine.
I: Bene! Adesso scegli uno dei connettivi nella cornice di mezzo e continua la frase.
S: D'accordo... È difficile sradicare una cattiva abitudine anche se

qualche volta è possibile!
I: Ottimo! Adesso prova con un altro.
S: Va bene... È difficile sradicare una cattiva abitudine altrimenti lo farebbero tutti.
I: Esatto! Guarda la parte interna dello schema: qual è il proverbio spiegato dalla frase che hai scelto?
S: Forse "Il lupo perde il pelo ma non il vizio"? È giusto?
I: È giustissimo! A che cosa ti fa

pensare questo proverbio?
S: Mi fa pensare al mio amico Beppe! A scuola copiava sempre benché i professori lo sgridassero, e, quando ha fatto il concorso per diventare insegnante, ha copiato perché aveva paura di non passare l'esame! Il lupo perde il pelo ma non il vizio!
[...]

è utile accettare regali.

A chi è intelligente non servono molte spiegazioni.

Bisogna essere tolleranti.

è difficile sradicare una cattiva abitudine.

PERCHÉ / AFFINCHÉ (+ congiuntivo, soggetto diverso)
PER (+ infinito, stesso soggetto)
Funzione finale

A MENO CHE (+ congiuntivo)
Funzione eccettuativa

PERCHÉ / POICHÉ (+ indicativo o condizionale)
Funzione causale

VIVI E LASCIA VIVERE.

A BUON INTENDITOR POCHE PAROLE.

CHI NON RISICA, NON ROSICA.

CHI NON LAVORA, NON MANGIA.

IL LUPO PERDE IL PELO MA NON IL VIZIO.

A CAVAL DONATO NON SI GUARDA IN BOCCA.

spesso siamo invidiosi di quello che hanno gli altri.

Solo lavorando le persone ottengono qualcosa.

COME SE (+ congiuntivo)
Funzione modale

ALTRIMENTI (+ indicativo o condizionale)
Funzione disgiuntiva

NON È TUTTO ORO QUEL CHE LUCCICA.

CHI LA DURA, LA VINCE.

L'ERBA DEL VICINO È SEMPRE LA PIÙ VERDE.

SEBBENE / BENCHÉ / NONOSTANTE (+ congiuntivo)
ANCHE SE (+ indicativo)
Funzione concessiva

Non si deve essere superficiali.

È importante rischiare.

© Loescher Editore 2021

32 Che testa d'uovo!

B2 👤 INDIVIDUALE

 GRAMMATICA
Congiuntivo imperfetto e trapassato; condizionale passato; periodo ipotetico della realtà, possibilità e irrealtà.

 LESSICO
Vario, in parte relativo all'analisi dei dati (ad es. andamento di iscrizioni a una scuola, visite a un luogo, vendite di un prodotto, utenza di un servizio).

 FUNZIONI COMUNICATIVE
Commentare grafici; fare ipotesi reali e irreali.

Materiali e preparazione

- **Scheda-grafici** → predisporre la Scheda per lo studente
- **Elementi linguistici utili** → predisporre una copia per lo studente
- **iW** **Schede-grafici online** → per lezione a distanza

 ## È ora di parlare

Lo scopo di questa attività è illustrare un grafico e suggerire delle soluzioni a un problema.

L'insegnante condivide i materiali con lo studente e gli chiede di **scegliere uno dei grafici** presenti nella **Scheda-grafici**. A seconda del grafico scelto dallo studente, l'insegnante descrive brevemente la **situazione iniziale** (ad es. il calo iscrizioni alla sua palestra o scuola in concomitanza di specifici periodi dell'anno; il calo delle vendite gestite da determinati dipartimenti della sua azienda; il basso numero di particolari categorie di utenti per il museo che dirige ecc.).

Terminata questa fase di preparazione, spiega: *Sei una testa d'uovo, cioè un vero e proprio esperto che ho chiamato ad **analizzare i dati** a disposizione per aiutarmi a risolvere un problema. Per fare questo, per prima cosa devi guardare attentamente il grafico e **descrivere il problema**. Poi, aiutandoti con gli **Elementi linguistici utili** devi commentare il problema e **descrivere alcune possibili soluzioni**: 1) facendo ipotesi certe; 2) facendo ipotesi possibili; 3) facendo riferimento a fatti passati che non si sono verificati, eventualmente con conseguenze sul presente.*

Esempio di produzione

Insegnante: Vorrei lavorare sul Grafico 5. Il grafico illustra il numero delle iscrizioni per mese dell'anno a una scuola di lingue. Io sono la proprietaria della scuola. Ci sono dei problemi e mi sono rivolta a te per avere un'analisi della situazione e dei consigli utili.
Studente: Buongiorno. Vorrei commentare brevemente il grafico qui di fronte a noi, che si riferisce al calo delle iscrizioni ai corsi di italiano organizzati dalla Sua scuola.

Vediamo che le iscrizioni subiscono un calo importante nei mesi di dicembre e gennaio, probabilmente a causa delle vacanze di Natale.
Se non risolvete il problema immediatamente, ci saranno delle conseguenze gravi per la scuola. Se una scuola non guadagna abbastanza, infatti, diventa necessario licenziare alcuni insegnanti.

Io penso che se organizzaste corsi invernali di "italiano per la settimana bianca", molti studenti sarebbero interessati e si iscriverebbero. Inoltre, se faceste una festa di Natale a metà dicembre, potreste promuovere le iscrizioni per l'anno nuovo.
Certo, se aveste fatto qualcosa negli ultimi anni, adesso non vi trovereste in questa situazione! Ma, insomma, io sono qui per aiutarvi...

1. Andamento delle visite nella giornata

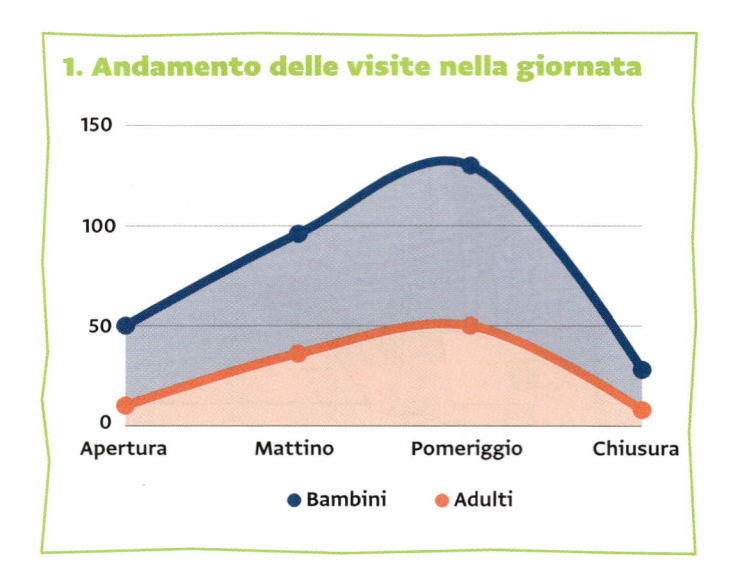

2. Andamento delle vendite

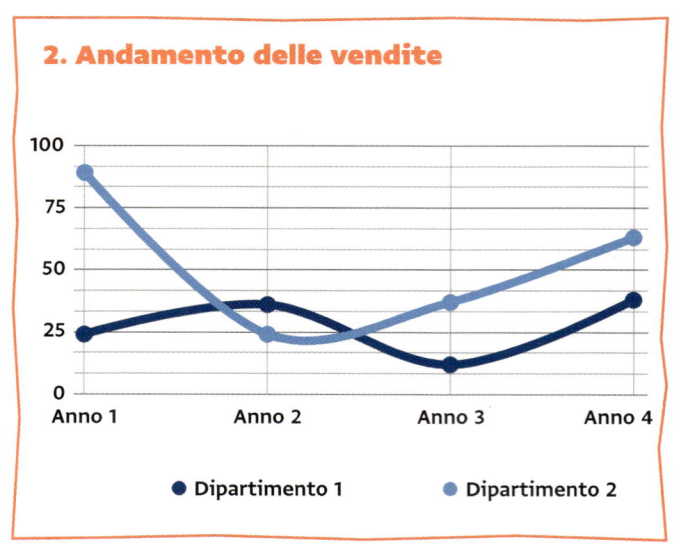

3. Trend delle iscrizioni per anno di attività

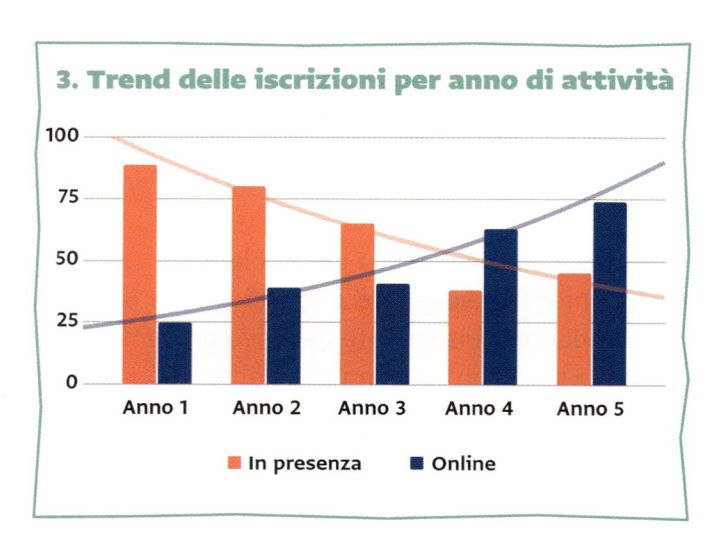

4. Tipo di utenti

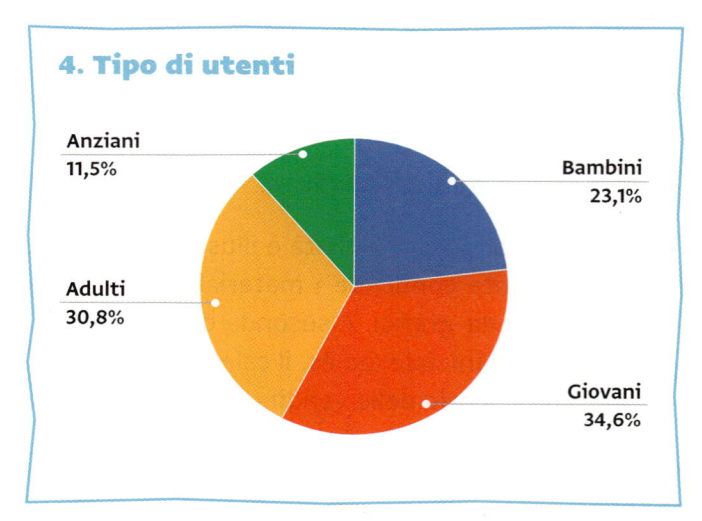

5. Media delle iscrizioni per mese dell'anno

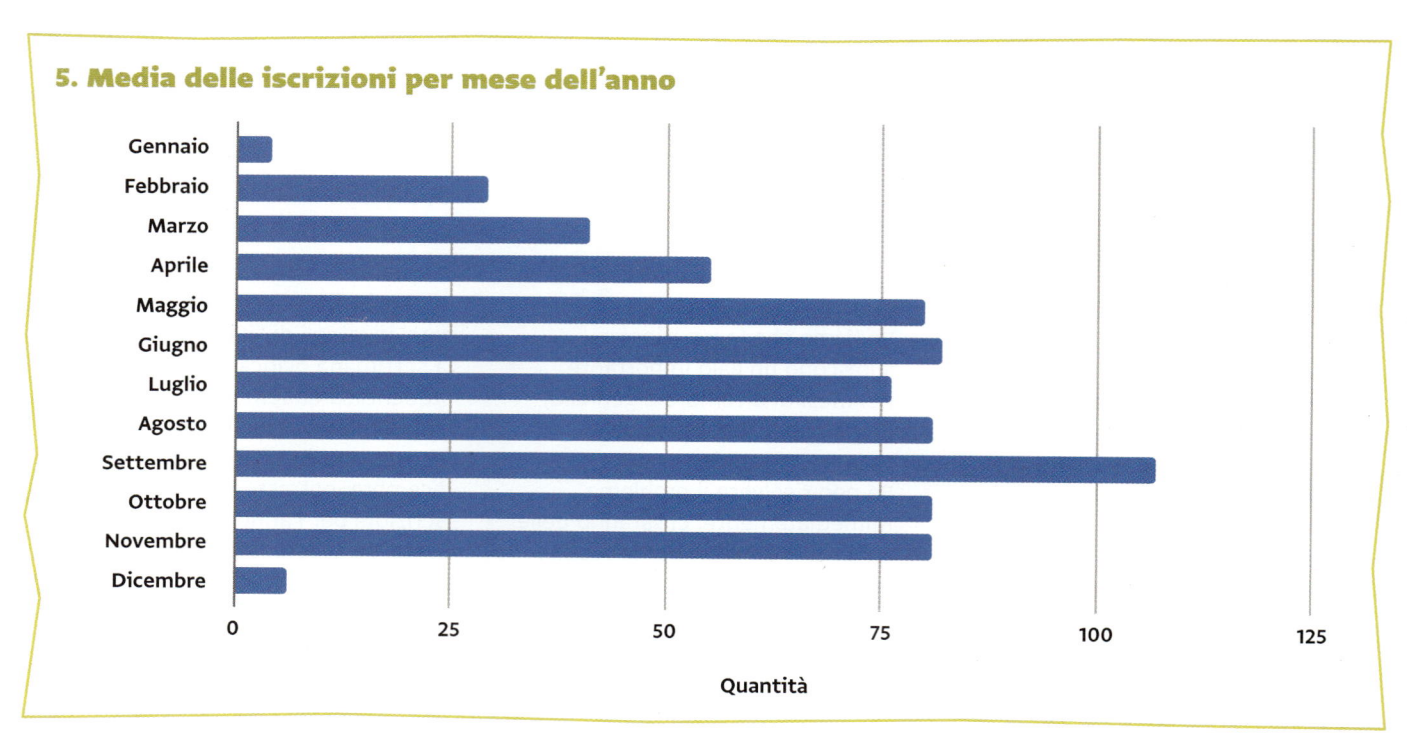

© Loescher Editore 2021

PERIODO IPOTETICO DELLA REALTÀ

se + indicativo presente / futuro semplice	indicativo presente / futuro semplice
Se guarda il grafico,	*vede subito dov'è il problema.*
Se ascolterà i miei consigli,	*le vendite miglioreranno.*

PERIODO IPOTETICO DELLA POSSIBILITÀ

se + congiuntivo imperfetto	condizionale presente
Se miglidoraste il vostro servizio clienti,	*il numero di utenti aumenterebbe.*
Se organizzaste dei corsi diversi,	*le iscrizioni aumenterebbero.*

PERIODO IPOTETICO DELL'IRREALTÀ

se + congiuntivo trapassato	condizionale presente o passato
Se ci aveste pensato prima,	*adesso non sareste in questa situazione.*
Se il mese scorso aveste organizzato delle attività per adulti,	*avreste ottenuto più iscrizioni.*

33 Ambasciator non porta pena

 C1   CLASSE

 **GRAMMATICA**
Discorso indiretto.

 **FUNZIONI COMUNICATIVE**
Riferire affermazioni, domande e richieste al presente e al passato.

LESSICO
Verbi dichiarativi e lessico interazionale, con focus sugli elementi caratteristici della discussione.

Materiali e preparazione

- **Tessere-situazione** → predisporre le Tessere per la classe
- **Elementi linguistici utili** → predisporre una copia per ogni studente
- **iW** **Tessere-situazione personalizzabili** → nel caso l'insegnante voglia personalizzare l'attività

 ## È ora di parlare

Lo scopo di questa attività è riportare le affermazioni fatte da due personaggi che litigano.

L'insegnante fotocopia le **Tessere-situazione** e le mette in un contenitore o in un cappello. Poi chiama uno studente che pesca una Tessera e la copia alla lavagna. L'insegnante sceglie due studenti (**litigante A** e **litigante B**) che saranno i litiganti, e li fa posizionare uno da una parte dell'aula, e l'altro dalla parte opposta. Poi spiega che gli altri studenti sono gli **ambasciatori**, e li fa dividere in due gruppi: metà ambasciatori si posizionano vicino al litigante A, e metà vicino al litigante B. Infine fotocopia gli **Elementi linguistici utili** e li distribuisce a ogni studente.

Terminata questa fase di preparazione, spiega: *Leggete gli appunti alla lavagna per sapere in quale situazione ci troviamo, chi sono i litiganti A e B e chi sono gli ambasciatori. I litiganti A e B hanno litigato e non vogliono parlare faccia a faccia. Gli ambasciatori cercano di aiutarli a riconciliarsi. Comincia a parlare il litigante A, che inventa e spiega il motivo del litigio. Uno degli ambasciatori vicino a lui lo ascolta, poi si sposta dal litigante B e gli* **riferisce le parole** *del litigante A: per fare questo, deve usare il* **discorso indiretto** *e può aiutarsi con gli* **Elementi linguistici utili**. *Il litigante B ascolta e risponde; uno degli ambasciatori vicino a lui lo ascolta e poi si sposta dal litigante A per riferire il contenuto delle sue parole, e così via.*

L'attività **finisce** quando tutti gli ambasciatori hanno giocato o quando il litigante A e il litigante B si sono riconciliati.

Esempio di produzione

[Tessera-situazione 1: in pizzeria.]
Litigante A: No, non torno al tavolo! Non mi importa della pizza! Guardate, io mia moglie non la sopporto! Ieri le ho detto per l'ennesima volta di lavare i piatti e non l'ha fatto! Non mi aiuta mai, mi toccano tutti i lavori di casa!
Ambasciatore A *[Dopo aver ascoltato il litigante A, si sposta dal litigante B]:* Tuo marito ha dichiarato che non ti sopporta e che ieri ti aveva detto di lavare i piatti ma tu non l'hai fatto.
Litigante B: E smettiamola con questi piatti! Mio marito è fissato con l'ordine e la pulizia della casa! Io ho altro da fare: lavoro tutto il giorno e non vedo l'ora che arrivi la sera per cenare e buttarmi sul divano!
Ambasciatore B *[Dopo aver ascoltato il litigante B, si sposta dal litigante A]:* Tua moglie ti invita a smetterla con la storia dei piatti. Ha aggiunto che sei fissato. Ha anche sottolineato che lei lavora tutto il giorno e la sera vuole riposarsi.
[...]

SITUAZIONE 1

- **luogo**: pizzeria
- **litiganti**: marito e moglie
- **ambasciatori**: amici

SITUAZIONE 2

- **luogo**: casa, durante un pranzo di famiglia
- **litiganti**: due fratelli o sorelle
- **ambasciatori**: altri parenti

SITUAZIONE 3

- **luogo**: ufficio
- **litiganti**: due impiegati
- **ambasciatori**: colleghi

SITUAZIONE 4

- **luogo**: supermercato
- **litiganti**: due clienti
- **ambasciatori**: altri clienti

SITUAZIONE 5

- **luogo**: aula di una scuola primaria
- **litiganti**: due alunni
- **ambasciatori**: altri alunni

SITUAZIONE 6

- **luogo**: autobus
- **litiganti**: due passeggeri
- **ambasciatori**: altri passeggeri

© Loescher Editore 2021

SITUAZIONE 7

- **luogo:** farmacia
- **litiganti:** due farmacisti
- **ambasciatori:** clienti

SITUAZIONE 8

- **luogo:** pronto soccorso
- **litiganti:** due pazienti
- **ambasciatori:** medici e infermieri

SITUAZIONE 9

- **luogo:** androne del teatro
- **litiganti:** due spettatori
- **ambasciatori:** maschere

SITUAZIONE 10

- **luogo:** pista da skateboard al parco
- **litiganti:** due amici adolescenti
- **ambasciatori:** altri amici

SITUAZIONE 11

- **luogo:** corridoio di un palazzo
- **litiganti:** due vicini di casa
- **ambasciatori:** altri vicini di casa

SITUAZIONE 12

- **luogo:** incrocio con semaforo
- **litiganti:** due tassisti
- **ambasciatori:** alcuni passanti

© Loescher Editore 2021

VERBI DICHIARATIVI

- affermare
- ammettere
- aggiungere
- assicurare
- chiedere
- confessare
- confidare
- consigliare
- constatare
- dichiarare
- dire
- domandare
- esclamare
- giurare
- invitare
- negare
- obiettare
- ordinare
- osservare
- precisare
- pregare
- promettere
- proporre
- raccontare
- ribattere
- ripetere
- rispondere
- sostenere
- sottolineare
- suggerire

VERBI DICHIARATIVI

- affermare
- ammettere
- aggiungere
- assicurare
- chiedere
- confessare
- confidare
- consigliare
- constatare
- dichiarare
- dire
- domandare
- esclamare
- giurare
- invitare
- negare
- obiettare
- ordinare
- osservare
- precisare
- pregare
- promettere
- proporre
- raccontare
- ribattere
- ripetere
- rispondere
- sostenere
- sottolineare
- suggerire

VERBI DICHIARATIVI

- affermare
- ammettere
- aggiungere
- assicurare
- chiedere
- confessare
- confidare
- consigliare
- constatare
- dichiarare
- dire
- domandare
- esclamare
- giurare
- invitare
- negare
- obiettare
- ordinare
- osservare
- precisare
- pregare
- promettere
- proporre
- raccontare
- ribattere
- ripetere
- rispondere
- sostenere
- sottolineare
- suggerire

34 Esercizi di stile

 C1  CLASSE

 **GRAMMATICA**
Varie strutture
grammaticali
avanzate.

FUNZIONI COMUNICATIVE
Utilizzare stili linguistici
adatti a situazioni date.

LESSICO
Vario.

Materiali e preparazione

- **Scheda-situazioni** → predisporre la Scheda per l'insegnante
- **Elementi linguistici utili** → predisporre una copia per la classe o copiare alla lavagna
- **Un dado** → predisporre per la classe

È ora di parlare

Lo scopo di questa attività è mettere in scena una situazione utilizzando uno stile specifico di comunicazione.

L'insegnante sceglie uno studente e gli chiede di tirare il dado. Se esce un numero dispari, la classe lavorerà sulla **Tabella 1** della **Scheda-situazioni**; se esce un numero pari, sulla **Tabella 2**. Poi l'insegnante chiede allo studente di tirare il dado altre due volte: il primo numero che esce serve a stabilire la **situazione** della conversazione (colonna sinistra della Tabella); il secondo, a stabilire lo **stile della comunicazione** (colonna destra della Tabella). L'insegnante scrive la situazione e lo stile alla lavagna, in modo che tutta la classe li veda. Vicino allo stile, ricopia i tre esempi che si trovano negli **Elementi linguistici utili** per dare alcune idee agli studenti.

Terminata questa fase di preparazione, spiega: *Leggete attentamente le informazioni alla lavagna. Mettetevi al centro della classe e "immergetevi" nella situazione. Per farlo, avete tre minuti per improvvisare e **mettere in scena** la situazione estratta a sorte, **rispettando lo stile** indicato dal dado per costruire la vostra conversazione.*

L'insegnante cronometra tre minuti. Allo scadere del tempo, chiama un altro studente per tirare i dadi e **cambiare lo stile** della comunicazione, mantenendo la stessa situazione. Dopo aver provato due o tre stili diversi, si consiglia di **cambiare la situazione.**

Esempio di produzione

[Si utilizza la Tabella 1. Lancio del primo dado, per la situazione. Risultato: (in fila per un concerto rock). Lancio del secondo dado, per lo stile. Risultato: (agitato).]
Insegnante: Disponetevi come c'è scritto alla lavagna: siete in fila per un concerto rock.
[Gli studenti si mettono uno dietro l'altro in mezzo all'aula come se stessero aspettando di entrare allo stadio a vedere un concerto.]
Studente A: Oh che bello, è da tanto che non vado a un concerto rock. Ma... oh mamma mia! Non trovo il biglietto! Che panico! Ma dove l'ho messo??
Studente B: Calma, calma! Adesso lo trovi! Non agitarti, perché anch'io sono tutta sottosopra: sono un po' claustrofobica e il pensiero di passare ore schiacciata tra altre persone mi fa venire un giramento...
Studente C: Scusate, avete visto la mia fidanzata? Magrolina, capelli rossi...? Oddio, l'ho persa! Jessicaaaa! Oddio, oddio!
[...]

TABELLA 1

SITUAZIONI	STILI DI COMUNICAZIONE
⚀ In aeroporto, ai controlli di sicurezza	⚀ Aggressivo
⚁ Dalla parrucchiera, in attesa	⚁ Tecnico-scientifico
⚂ In fila per un concerto rock	⚂ Ufficiale e solenne
⚃ Al ristorante con due stelle Michelin	⚃ Colloquiale
⚄ In piazza, all'ora dell'aperitivo	⚄ Estremamente rispettoso
⚅ Sul lungomare, all'alba	⚅ Agitato

TABELLA 2

SITUAZIONI	STILI DI COMUNICAZIONE
⚀ Tra le colline, al tramonto, in estate	⚀ Calmo
⚁ Davanti alla Basilica di San Pietro	⚁ Sussurrato
⚂ In autobus, all'ora di punta	⚂ Amorevole
⚃ Al mercato del pesce, di primo mattino	⚃ Autoritario
⚄ Sotto un portico, mentre piove a dirotto	⚄ Cauto e prevenuto
⚅ In spiaggia, tra un ombrellone e l'altro	⚅ Diffidente

STILI DI COMUNICAZIONE	ESEMPI DI ESPRESSIONI UTILI
Aggressivo	• Cosaaa??? Ma come ti permetti!!! • Prova a ripetere quello che hai appena detto e non ti parlo più a vita! • Vuoi vedertela con me? Ci vediamo fuori??
Tecnico-scientifico	• È una questione metodologica, non possiamo prendere in considerazione la sua ipotesi... • Serve un'argomentazione basata sui fatti, per affermare che... • Dovremmo tenere in considerazione tutte le variabili per dimostrare che...
Ufficiale e solenne	• Signore e Signori, buonasera a voi tutti qui riuniti... • Mi preme ricordarvi che... • Considero mio dovere segnalarvi che...
Colloquiale	• Mi sono rotto le scatole di questa situazione! • Ma sei fuori come un balcone? • Basta gingillarsi adesso! Mettiamoci al lavoro!
Estremamente rispettoso	• Oh, grazie mille davvero... • Si figuri... • Ma no, non mi permetterei mai...
Agitato	• Oddio! Aiuto! Mamma mia! • Che panico! Che cosa faccio/facciamo, adesso? • Ho i nervi a fior di pelle! Posso avere una camomilla??
Calmo	• Calma, calma, è tutto a posto... • Stiamo sereni, non c'è motivo di agitarsi... • Piano, piano: un passetto alla volta...
Sussurrato	*Il messaggio può avere qualsiasi contenuto, ma viene pronunciato in un sussurro, forse perché è un segreto, forse per rassicurare una persona, forse per complottare alle spalle di qualcuno...*
Amorevole	• Oh, tesoro mio, non preoccuparti... • Ecco qui, adesso sistemiamo tutto... • Non c'è problema, me ne occupo io, tu stai / voi state tranquilli...
Autoritario	• Si fa come dico io e non si discute, d'accordo? • Tutti dentro / fuori / in piedi / seduti / ...! • Ho già detto come la penso e non ammetto repliche!
Cauto e prevenuto	• Direi di fare molta attenzione a questa persona... • Io già vedo che questa situazione potrebbe trasformarsi in un problema... • Un attimo, prima vediamo come si evolvono le cose...
Diffidente	• Oh, no, io non mi fido mica di lui... • Ma secondo te/voi le cose sono davvero come sembrano...? • Ah, no, io le conosco le persone come lei...

© Loescher Editore 2021

35 Di palo in frasca

C1 **GRUPPI**

GRAMMATICA
Verbi pronominali.

LESSICO
Vario; parole
assonanti o in rima.

FUNZIONI COMUNICATIVE
Esprimersi in modo
articolato e complesso;
improvvisare.

Materiali e preparazione

■ **Elementi linguistici utili** → predisporre una copia per ogni studente

 ## È ora di parlare

Lo scopo di questa attività è fraintendere la frase detta dal compagno e parlare di un argomento diverso, usando i verbi pronominali.

L'insegnante fotocopia gli **Elementi linguistici utili** e ne dà una copia a ogni studente. Poi divide gli studenti in gruppi di **quattro**, e chiede a ogni gruppo di **disporre le proprie sedie in due file** (due davanti e due dietro), come **in autobus**. Infine, chiede a ogni gruppo di decidere chi è lo studente A, lo studente B, lo studente C e lo studente D.

Poi spiega: *Siete amici in vacanza in Italia. Per risparmiare, avete preso un vecchio pullman turistico che vi sta portando in giro per la penisola, ma il pullman è un tale rottame che **il rumore è insopportabile**. Cercate di chiacchierare, ma con tutto il rumore ognuno di voi continua a **fraintendere** quello che dicono gli altri e, quindi, a saltare di palo in frasca. Comincia lo studente A e pronuncia una o due frasi parlando di quello che vuole. Mentre parla deve usare **un verbo pronominale**, aiutandosi con gli **Elementi linguistici utili**. Quando ha finito, lo studente B finge di fraintendere una parola del discorso dello studente A con una **parola assonante o in rima** (ad es. "cappello" con "ombrello") e quindi comincia a parlare di un argomento legato alla nuova parola che ha scelto. Deve pronunciare una o due frasi e usare un altro verbo pronominale. Poi lo studente C fraintende una parola dello studente B, e così via. Attenzione! Chi non usa almeno un verbo pronominale, **si deve isolare** dal resto della compagnia sul pullman fingendo di leggere un libro.*

L'insegnante può far **finire** il gioco quando resta in gara solo uno studente per gruppo, o quando si esauriscono i verbi pronominali degli Elementi linguistici utili.

Esempio di produzione

Studente A: Ieri sera al bar ho aspettato lo spritz per un'ora e poi me ne sono andato! Non ho neanche visto il cameriere!

Studente B: Il panettiere, dici? Ah, guarda, è vero, sono tutti disonesti: non ci casco più ormai, ma il mio prova sempre a darmi il resto sbagliato!

Studente C: Ti senti affaticato? Anch'io, non ne posso più, ma quant'è lungo questo viaggio?? *[...]*

VERBI PRONOMINALI

- **arrivarci**: capire
- **andarsene**: andare via
- **avercela con**: essere arrabbiato
- **cascarci**: credere a uno scherzo
- **cavarsela**: superare al meglio una situazione difficile
- **cercarsela**: comportarsi in modo tale da attirare guai
- **entrarci**: avere a che fare
- **farcela**: avere successo, riuscire
- **farla franca**: uscire senza danno da una situazione rischiosa
- **farla lunga**: parlare troppo
- **fregarsene di / infischiarsene di**: essere indifferente, non preoccuparsi

- **intendersene di**: essere esperto
- **mettercisi**: cominciare
- **passarsela**: vivere
- **non poterne più**: avere esaurito la pazienza o l'energia
- **prendersela con**: offendersi
- **sbrigarsela**: risolvere una situazione complicata in poco tempo
- **smetterla / finirla / piantarla**: finire di fare una cosa
- **spuntarla**: riuscire a ottenere ciò che si vuole
- **svignarsela / filarsela**: scappare
- **spassarsela**: divertirsi

© Loescher Editore 2021

36 Il re della foresta

👥👥👥 GRUPPI

🧩 **GRAMMATICA**
Futuro; condizionale;
periodo ipotetico.

📦 **LESSICO**
Flora; fauna; ecologia.

💬 **FUNZIONI COMUNICATIVE**
Fare proposte; concepire
un piano di squadra.

Materiali e preparazione

- **Tessere-animale** → predisporre una Tessera per ogni studente
- **Tessere-problema** → predisporre le Tessere per la classe
- iw **Tessere-animale personalizzabili** → nel caso l'insegnante voglia personalizzare l'attività

 ## È ora di parlare

Lo scopo di questa attività è progettare un piano di squadra per risolvere alcuni problemi ambientali in una laguna, interpretando degli animali.

L'insegnante fotocopia le **Tessere-animale**, divide gli studenti in gruppi, e dà una Tessera-animale a ogni studente, in modo che tutti i gruppi abbiano la stessa composizione (ad es. un fenicottero, un cavaliere d'Italia, un falco pescatore e un istrice in ogni gruppo). Poi, fotocopia le **Tessere-problema**, le ritaglia e le mette in un contenitore o in un cappello, e chiama uno studente a pescarne una. Infine, gli chiede di copiarla alla lavagna per la classe.

Terminata questa fase di preparazione, spiega: *Siamo nella Laguna di Orbetello, e voi siete gli animali che compongono la **fauna** presente nell'oasi. Il turismo, i cambiamenti climatici e altri fattori vi stanno causando vari problemi; il **problema** più urgente è quello scritto alla lavagna. Per questo, avete richiesto la consulenza del Re della foresta, il leone, che... sono io! Parlate tra di voi e tenete conto delle **caratteristiche del vostro animale**. Usando queste caratteristiche e altre vostre idee, progettate un **piano d'azione** che porti una soluzione al problema dell'oasi naturale.*

L'insegnante dà ai gruppi un tempo prefissato per concepire il loro piano d'azione e supervisiona il loro lavoro. Allo scadere del tempo destinato alla pianificazione i gruppi presentano al Re della foresta (cioè all'insegnante) il proprio piano completo. Se l'attività si svolge in una classe con più gruppi, l'insegnante spiega che il leone crede nella democrazia, e quindi chiede ai gruppi di esporre i loro piani d'azione alla classe e di **votare** per quello più interessante (non è possibile votare per il proprio gruppo).

Esempio di produzione

[Animali distribuiti: fenicottero rosa, volpe comune, falco pescatore, istrice. Gli studenti lavorano sulla Tessera-problema "I turisti gettano rifiuti per terra".]

Fenicottero rosa: Cari amici del mondo lagunare, la situazione è critica: bisogna assolutamente fare qualcosa. Avete visto quanti rifiuti ci sono nella laguna?

Falco pescatore: Non preoccupatevi, amici. Ho un'idea. Io e i miei amici falchi potremmo cominciare a volare in cerchio sopra le teste dei turisti, spiegando le ali: con l'apertura alare che abbiamo, inizieranno ad avere paura.

Istrice: Perfetto! Allora potrei arrivare io e, con i miei lunghi aculei, tirare su una cartaccia da terra a scopo dimostrativo. In questo modo i turisti capirebbero qual è il problema!

Volpe comune: Esatto!

FENICOTTERO ROSA

Specie migratrice con collo e zampe molto lunghi. Grazie ai piedi palmati, questo uccello può camminare nel fango senza sprofondare. Il becco è robusto e inclinato verso il basso. Il fenicottero rosa vive in colonie e si nutre di molluschi, crostacei e alghe.

Curiosità: sta spesso in piedi su una zampa sola, generalmente per riposarsi ed evitare la dispersione di calore, in modo da avere più energia per cercare nutrimento nell'acqua.

CAVALIERE D'ITALIA

Uccello che migra nelle lagune italiane in estate. Ha forme snelle ed eleganti, e cammina disinvoltamente nell'acqua grazie alle lunghe zampe di colore rosa. Fa il nido nella terra umida o anche sull'acqua (nido galleggiante); la covata comprende di solito quattro uova, che entrambi i genitori covano per una ventina di giorni.

Curiosità: è un animale molto rumoroso e quando lo si disturba muove velocemente la testa avanti e indietro.

FALCO PESCATORE

È una specie di uccello protetta perché in passato è stata sterminata dalla caccia. Ama le zone paludose, oppure si stabilisce accanto a laghi e fiumi, dove l'acqua non è profonda e i pesci si trovano in abbondanza. La sua apertura alare raggiunge quasi i 2 metri. Ha lunghe zampe e artigli ricurvi.

Curiosità: è particolarmente abile a catturare i pesci in volo. Scende rapidissimo verso l'acqua, protende le zampe in avanti e le ali all'indietro, e cattura il pesce con gli artigli.

© Loescher Editore 2021

VOLPE COMUNE

Mammifero attivo soprattutto di notte, si nutre di piccoli mammiferi e roditori, ma anche di rettili, uccelli, pesci e bacche. È famosa per le incursioni nei pollai, dove uccide le galline. Il colore caratteristico del manto della volpe è bruno-fulvo. La femmina partorisce fino a otto cuccioli, che allatta per circa un mese.

Curiosità: per catturare la sua preda non la insegue di corsa ma fa un salto che forma un angolo di 40° in aria. In questo modo riesce a spostarsi in avanti anche di 5 metri, e ad atterrare sulla preda con le zampe anteriori.

TASSO COMUNE

Mammifero che può raggiungere anche i 20 chili. Ha piccoli arti robusti e una testa appuntita. Il suo mantello è molto caratteristico, con il dorso brizzolato e la testa a strisce bianche e nere: i peli sono quasi indistruttibili e vengono utilizzati per fabbricare pennelli e spazzole. Il tasso è un animale onnivoro che vive in tane con un complesso sistema di gallerie.

Curiosità: il suo verso assomiglia a una voce umana che brontola e soffia, o a un cane che abbaia.

ISTRICE

Mammifero lungo dai 50 ai 70 centimetri, con piccole zampe e grandi occhi. Sul dorso ha aculei di colore bianco e nero, lunghi fino a 40 cm. Ama molto uscire dalla propria tana di notte. Generalmente si nutre di frutta, ma a volte fa delle incursioni nei vigneti e nei campi di mais. Vive con la femmina e i cuccioli o da solo.

Curiosità: quando l'istrice rizza la schiena, gli aculei sbattono gli uni contro gli altri e producono un tintinnio minaccioso.

© Loescher Editore 2021

I turisti gettano rifiuti per terra

In estate c'è rischio di incendio

Parti di flora vengono rovinate o distrutte

I fenicotteri sono troppo fotografati

I campi vicini scaricano acque inquinate

A volte ci sono troppi pescatori nella laguna

Alcune parti della laguna sono infestate dalle alghe

I turisti sono rumorosi

In estate c'è una moria di pesci per il caldo eccessivo

© Loescher Editore 2021

Meglio un uovo oggi o una gallina domani?

 C1    **COPPIE**

 GRAMMATICA
Congiuntivo per
esprimere opinioni;
periodo ipotetico.

 LESSICO
Lessico relativo ad alternative
di importanza o prezzo diversi
(cagnolino di peluche / cane
vero, utilitaria / macchina da
corsa, biglietto per la partita /
abbonamento per la stagione ecc.).

 **FUNZIONI COMUNICATIVE**
Argomentare.

Materiali e preparazione

▪ **Tabellone** → predisporre una copia per ogni coppia

▪ **Dadi** → predisporre un dado per ogni coppia

iw **Tabellone personalizzabile** → nel caso l'insegnante voglia personalizzare l'attività

 ## È ora di parlare

Lo scopo di questa attività è argomentare la propria opinione in merito ad alcune alternative.
L'insegnante divide gli studenti in **coppie**, fotocopia la pagina dei materiali con il **Tabellone** e ne dà una copia a ogni coppia di studenti. Poi chiede a ogni studente di fabbricare una **pedina** con un pezzo di carta o usando un piccolo oggetto.

Terminata questa fase di preparazione, spiega: *Giocate a coppie usando il Tabellone che vi ho dato. Mettete le pedine sulla casella INIZIO e decidete chi tira il dado per primo. Chi tira il dado avanza di tante caselle quanti sono i punti del dado,* **legge l'alternativa** *presentata nella casella, e deve parlare per almeno due minuti (o il tempo stabilito dall'insegnante)* **per esprimere la propria opinione** *e* **argomentare la propria scelta.** *Il compagno può fare qualche domanda. Cercate di usare il congiuntivo in dipendenza da verbi di opinione e il periodo ipotetico. Se finite su una casella FERMO UN GIRO, il vostro compagno tirerà il dado due volte di seguito. Se finite su una casella VAI INDIETRO DI TRE CASELLE, dovete tornare indietro di tre caselle. Se finite su una casella RICOMINCIA DA CAPO, dovete posizionare la pedina sulla casella INIZIO. Quando arrivate verso la fine del tabellone, dovete continuare a tirare il dado finché non capitate precisamente sulla casella centrale (con* **l'uovo e la gallina**): *a quel punto discutete la vostra posizione sul "dilemma" per eccellenza "Meglio un uovo oggi o una gallina domani?", cioè meglio una cosa piccola ma sicura, che possiamo avere subito, o meglio aspettare per avere una cosa più grande e bella?*

Se l'attività è organizzata in forma di **sfida,** vince la coppia che arriva per prima a discutere il dilemma centrale. Poi la coppia può presentare le proprie idee e argomentazioni in merito di fronte alla classe.

Esempio di produzione

Studente A: Allora, lancio il dado... Uno! Eccoci qua. Che cos'è questo?
Studente B: Meglio una pizza oggi o una pizzeria domani?
A: Ah! Ok... Bisogna scegliere. Io scelgo la pizza oggi, è più sicura. Almeno so che stasera vado a letto con la pancia piena! E poi ho un debole per la pizza: quanto ci penso, non mi so trattenere!
B: E non vorresti diventare il proprietario di una pizzeria domani? Se diventassi l'Imperatore delle Pizze, potresti mangiare pizza a colazione, pranzo e cena!
A: E se poi non succede e ci resto male? No, credo sia meglio avere poco, ma averlo di sicuro! Dai, tira tu il dado, adesso!
[...]

12 un nuovo zainetto oggi / un trolley superaccessoriato domani

11 VAI INDIETRO DI TRE CASELLE

23 una poesia oggi / un libro di poesie domani

22 VAI INDIETRO DI TRE CASELLE

13 un caffè al bar vicino a casa oggi / un caffè al Caffè Florian di Venezia domani

24 vincere una maratona di quartiere oggi / vincere le olimpiadi domani

26 osservare la luna al telescopio oggi / viaggiare sulla luna domani

25 un pannello solare per la casa oggi / pannelli solari per tutta la città domani

14 RICOMINCIA DA CAPO

15 una bottiglia di olio d'oliva oggi / un uliveto domani

16 un mazzo di fiori oggi / un vivaio domani

INIZIO

1 una pizza oggi / una pizzeria domani

2 una FIAT 500 oggi / una Ferrari domani

© Loescher Editore 2021

10 un nuovo divano oggi / la ristrutturazione del soggiorno domani

9 un concerto in tv oggi / un concerto dal vivo domani

8 un biglietto per la partita allo stadio oggi / un abbonamento alla stagione calcistica domani

21 un diploma oggi / una laurea domani

20 una piccola promozione al lavoro oggi / diventare amministratore delegato domani

7 RICOMINCIA DA CAPO

UN UOVO OGGI / UNA GALLINA DOMANI

19 50 euro oggi / 1000 euro domani

6 un vestito comprato al mercato oggi / un vestito firmato domani

17 FERMO UN GIRO

18 un cagnolino di peluche oggi / un cane vero domani

3 un fine settimana in Italia oggi / una vacanza di un mese in Italia domani

4 FERMO UN GIRO

5 un'apericena oggi / una cena chic domani

38 Parlare dei massimi sistemi

 C1    **COPPIE**

GRAMMATICA
Varia.

LESSICO
Specialistico delle discipline di studio.

FUNZIONI COMUNICATIVE
Esprimersi in modo articolato e complesso; improvvisare.

Materiali e preparazione

- **Scheda-liste** → predisporre una Scheda per ogni coppia
- **Domande** → predisporre una lista per ogni studente
- **Dadi** → predisporre un dado per ogni coppia

 È ora di parlare

Lo scopo di questa attività è conversare su temi complessi determinati casualmente.

L'insegnante divide gli studenti in **coppie**, fotocopia la **Scheda-liste** e ne dà una copia a ogni coppia di studenti, insieme a un dado; inoltre, dà a ogni studente le **Domande** per fare mente locale prima della discussione. Poi nomina uno **studente A** e uno **studente B** in ogni coppia.

Terminata questa fase di preparazione, spiega: *Siete due vecchi amici che, sorseggiando un vino d'annata davanti al caminetto di una casa ai piedi delle montagne, disquisiscono dei massimi sistemi. Per avviare la conversazione, lo studente A tira il dado: il numero che esce indica uno degli elementi della lista dei misteri che vi ho dato. Poi lo studente B tira il dado: il numero fa riferimento alla lista delle certezze. In base alla combinazione ottenuta, prendetevi alcuni minuti per lavorare individualmente, pensando al collegamento tra i due argomenti e aiutandovi rispondendo alle Domande per fare mente locale prima della discussione. Poi, quando ve lo dico io, intavolate la vostra discussione. Nella conversazione i due temi devono essere collegati tra loro e dovete fare riferimento a tutto ciò che ritenete più opportuno e ai campi del sapere che conoscete meglio.*

L'insegnante decide quanto tempo va dedicato alla conversazione (ad es. cinque minuti), poi chiede agli studenti di tirare di nuovo i dadi e parlare dei nuovi massimi sistemi.

Esempio di produzione

[Lo studente A tira il dado. Risultato: ⚁ (lo spazio). Lo studente B tira il dado. Risultato: ⚂ (la politica).]
Studente A: Temo che sia giunto il momento di discutere del ruolo della politica di oggi nei confronti delle esplorazioni spaziali. Mi riferisco in particolare al fatto che non esiste una normativa vigente sulla colonizzazione di Marte: pensa a Elon Musk e SpaceX!
Studente B: Ah beh, sai che lo spazio oggi è il Far West. Elon Musk è simile a un personaggio di un vecchio film western, solo che gestisce la più grande azienda spaziale privata al mondo, e i rappresentanti politici non hanno neanche lontanamente le competenze per capire questo genere di cose. Personalmente, apprezzo personaggi come il signor Musk, un uomo che tende alle stelle, ispirato dai migliori film di fantascienza che Hollywood abbia mai prodotto.
[...]

Lista dei misteri

il tempo — l'anima

lo spazio — l'oroscopo

la natura — l'amore

Lista delle certezze

l'economia — il lavoro

la geografia — la scienza

la politica — la famiglia

DOMANDE

Alcune domande per fare mente locale prima della conversazione	Esempio	Mie osservazioni
Che definizione daresti del mistero di cui devi parlare? Come lo spiegheresti con parole semplici?	L'*oroscopo* è la previsione del destino di una persona, basata sulla data di nascita e l'osservazione delle stelle e dei pianeti.	....
Che definizione daresti della certezza di cui devi parlare? Come la spiegheresti con parole semplici?	La *famiglia* è un gruppo di persone che hanno un rapporto di parentela. Di solito, alcune di loro vivono sotto lo stesso tetto.	....
Secondo te, questo mistero e questa certezza sono amici o nemici?	L'*oroscopo* e la *famiglia* sono una combinazione rischiosa: se un membro della *famiglia* crede all'*oroscopo*, è possibile che le sue scelte si basino sul suo *oroscopo* del giorno o della settimana e che sembrino totalmente irrazionali al resto della *famiglia*!	....
Quali sono i collegamenti possibili tra questo mistero e questa certezza?	La *famiglia* (o parte della *famiglia*) legge l'*oroscopo*. Una sezione dell'*oroscopo* riguarda la *famiglia*.	....
Puoi fare un esempio di una situazione che includa questo mistero e questa certezza?	Qualche tempo fa ho letto che una signora anziana aveva abbandonato marito, figli e nipoti ed era partita per una destinazione esotica perché il suo *oroscopo* del mese diceva: "Bilancia: è ora di guardare a nuovi orizzonti"!	....
Trovi che sia una situazione negativa e complicata, o positiva e in grado di apportare dei vantaggi? Perché?	L'aspetto negativo è che l'*oroscopo* può influenzare le scelte delle persone; d'altra parte, per le *famiglie* che non prendono l'*oroscopo* troppo sul serio è divertente, dopo cena, leggere l'*oroscopo* della giornata appena passata e vedere se aveva ragione!	....
Hai mai sperimentato questa situazione in prima persona, oppure è una situazione che riguarda piuttosto "l'umanità"?	Non credo all'*oroscopo* ma lo leggo ogni tanto per farmi una risata. I miei amici sono simili a me, ma so che al mondo ci sono molte persone profondamente influenzate dall'oroscopo, e questo potrebbe avere delle conseguenze sulle loro *famiglie*.	....

39 Pensando a voce alta

C1   🧍 INDIVIDUALE

 **GRAMMATICA**
Concordanza dei tempi nella subordinazione; modi indefiniti.

🗃 **LESSICO**
Vario (vedi contenuto della Scheda-messaggi).

🔁 **FUNZIONI COMUNICATIVE**
Comunicare sequenze complesse di pensieri e avvenimenti.

Materiali e preparazione

■ **Scheda-messaggi** → predisporre la Scheda per l'insegnante

💬 È ora di parlare

Lo scopo di questa attività è ipotizzare delle soluzioni a un problema dopo aver ascoltato un messaggio in segreteria.

L'insegnante spiega: *Sei appena tornato a casa e per prima cosa ascolti i **messaggi nella segreteria telefonica**. Fai finta di premere il pulsante della segreteria e ascolta un messaggio salvato che riguarda un **problema**. Dopo averlo ascoltato, comincia a **pensare a voce alta** al problema e alle possibili soluzioni. Cerca di usare il più possibile i **modi indefiniti** (cioè l'infinito, il gerundio e il participio) e la **concordanza dei tempi** nella subordinazione. Alla fine, richiama la persona che ti ha lasciato il messaggio e spiega come intendi risolvere il problema.*

Lo studente finge di premere il pulsante del telefono per ascoltare i messaggi in segreteria e l'insegnante ne legge uno a scelta dalla **Scheda-messaggi**. Quando, nell'ultima parte dell'attività, lo studente chiama la persona che ha lasciato il messaggio in segreteria, l'insegnante finge di essere quella persona e interagisce con lo studente.

Esempio di produzione

[Lo studente finge di premere un tasto del telefono per ascoltare i messaggi in segreteria. L'insegnante legge il messaggio 1.]
Insegnante: Ehi, sono Sheila, ciao, un messaggio veloce per dirti che il capo mi ha appena chiamata e la presentazione non è lunedì ma è domani! Cavolo! Come facciamo adesso!? Fatti sentire quando puoi, Ok? Ciao!
Studente *[parlando tra sé e sé]:* Quindi, ricapitolando, la

presentazione che avremmo dovuto fare lunedì è stata spostata a domani. Ok. Se io e la mia collega Sheila fingessimo di essere malate, sarebbe veramente sospetto: aver fatto la stessa cosa una volta in passato si è rivelato un vero disastro e poco ci mancava che il capo ci licenziasse. E se chiamassimo Pat, che è un genio del Power Point? Se facesse lei la presentazione, andremmo sul sicuro. E poi, finita la presentazione, le offriremmo

un pranzo. Sì, mi pare proprio una buona idea... Adesso chiamo Sheila!
[Finge di digitare il numero.]
I: Pronto?
S: Ciao, Sheila! Ho ricevuto il tuo messaggio in segreteria. Che brutta situazione... Ma ho avuto un'idea geniale: potremmo chiedere aiuto a Pat, che usa Power Point divinamente, no? E in cambio le offriamo un pranzo. Che ne dici?
I: Ottima idea!

1. Ehi, sono Sheila, ciao, un messaggio veloce per dirti che il capo mi ha appena chiamata e la presentazione non è lunedì ma è domani! Cavolo! Come facciamo adesso!? Fatti sentire quando puoi, Ok? Ciao!

2. Buongiorno… Guardi, chiamo dalla tintoria… C'è un problemino qui perché la macchina asciuga-camicie ha bruciato la Sua camicia bianca. Un piccolo danno, niente di serio, insomma un bel buco, che poi è proprio vicino al taschino davanti… Salve, arrivederci!

3. Ciao, sono la mamma di Giovanni, l'amico di tuo figlio. I bambini sono tutti e due qui con me, stanno bene, però mi sono distratta un attimo e si sono rotolati in una pozzanghera in strada. Sai quel bel completino bianco che aveva tuo figlio? Ecco, diciamo che adesso è tinta fango… Beh a dopo!

4. Sorpresa! È la tua sorellina! Sono appena scesa dall'aereo, il viaggio da San Francisco è sempre lunghissimo, ma cosa non si fa per festeggiare il tuo compleanno?! Questo e altro! Infatti pensavo di stare da te per due-tre mesi, già che sono qui, che dici? Sono così stressata, mamma mia… Ci vediamo presto, il tempo di prendere un taxi e arrivare!

5. Salve, è la segreteria dello studio dentistico. Sa la carie che il dentista Le ha curato ieri? Ecco, riguardando le radiografie il dentista si è appena accorto di aver lasciato dentro la radice del dente la punta del trapano, ma dice che non dovrebbe essere un problema. Solo per farglielo sapere! Arrivederci!

6. Buonasera, sono Gemma, la signora delle pulizie. Ho pulito tutta la casa stamattina, tutto a posto, solo un problemino: ha presente il vaso di cristallo sopra il tavolo del soggiorno? Ecco, purtroppo spostando il tavolo il vaso è caduto ed è andato in mille pezzi. Ma ho preso la colla extra-forte e l'ho riattaccato. Credo non se ne accorgerà neanche quando lo vedrà. Ci vediamo la prossima settimana!

7. Buongiorno, è la Pasticceria Delizia. La chiamo riguardo al Suo ordine, la torta al cioccolato che ha ritirato questa mattina. Credo fosse per una festa di compleanno questa sera. Mi dispiace ma ci siamo appena accorti di un errore: purtroppo il nostro pasticcere ha usato il sale al posto dello zucchero. Ci dispiace davvero molto e abbiamo emesso un buono regalo per scusarci. Può passare a prenderlo quando vuole.

8. Buongiorno, è il Museo di Storia Naturale. Suo nipote ci ha dato il Suo numero di telefono. È qui con la sua classe, in visita alla sezione dei dinosauri, e ha appena provocato un grave danno al nostro esemplare di Stegosaurus: senza ascoltare la guida che raccomandava ai ragazzi di non toccare nulla, ha accarezzato la testa dell'esemplare, e metà delle ossa dell'animale sono crollate miseramente a terra. Si tratta di resti di 150 milioni di anni fa. Il danno è inestimabile. Ci chiami non appena sente questo messaggio.

9. Salve, qui è il centro di tolettatura per cani. Il suo barboncino Barbie sta bene, l'abbiamo lavata e abbiamo rifilato anche il pelo. C'è solo un piccolo problema: durante il lavaggio, è stato aggiunto per sbaglio un colorante, e adesso Barbie è verde. In realtà le dona! Venga pure a prenderla quando vuole. Arrivederci!

40 Tutto un programma

C1 INDIVIDUALE

GRAMMATICA
Forma passiva;
si passivante.

LESSICO
Neologismi e parole
composte.

FUNZIONI COMUNICATIVE
Descrivere le regole di un
videogioco.

Materiali e preparazione

- **Scheda-videogioco** → predisporre la Scheda per lo studente
- **Elementi linguistici utili** → predisporre una copia per lo studente
-  **Scheda-videogioco** ed **Elementi linguistici utili online** → per lezione a distanza

È ora di parlare

Lo scopo di questa attività è progettare un videogioco.

L'insegnante condivide i materiali con lo studente. Poi spiega: *Io sono il dirigente di una piccola azienda che sviluppa videogiochi. Un cliente importante ci ha appena commissionato un **nuovo videogioco** e dobbiamo fare bella figura. Tu sei un bravissimo **sviluppatore di videogiochi** che io ho appena assunto: sei nel periodo di prova, e devi fare di tutto per stupirmi e aiutare l'azienda a soddisfare il cliente. Prima, compila la **Scheda-videogioco**; poi usala per **descrivere oralmente gli aspetti del videogioco** che vuoi sviluppare: spiega come si chiama, dov'è ambientato, qual è lo scopo del gioco ecc. Scegli tu il tipo di videogioco: può riguardare il combattimento, la caccia al tesoro, la cucina, il giardinaggio, il design di interni, l'opera ecc. Cerca di usare il più possibile **la forma passiva e il si passivante** (ad es. "il videogioco è formato da tre livelli" o "nel videogioco si devono totalizzare almeno 10.000 punti") e anche **parole composte e neologismi**, prendendo ispirazione dagli **Elementi linguistici utili**. Puoi inventare parole nuove o usare neologismi della lingua italiana che conosci già.*

Esempio di produzione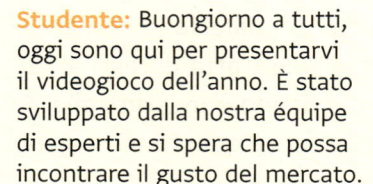

Studente: Buongiorno a tutti, oggi sono qui per presentarvi il videogioco dell'anno. È stato sviluppato dalla nostra équipe di esperti e si spera che possa incontrare il gusto del mercato.

Il nome del gioco è "Trillennium". È ambientato in un futuro molto lontano dove nulla è come adesso. Si è ormai arrivati alla versione beta definitiva del gioco e siamo orgogliosi di poterlo presentare.

"Trillennium" è un gioco per smartphone in cui si fanno punti quando si riesce a terminare il percorso all'interno di labirinti 3D, chiamati "3D-rinti". A livello grafico, sarà vintage - tipo Space Invaders...

Nome del videogioco: ....

Ambientazione: ....
....

Caratteristiche dell'eroe / eroina: ....
....

Altri personaggi (avversari, aiutanti ecc.): ....
....

Scopo del videogioco: ....
....

Armi / strumenti: ....
....

Punti bonus: ....

Numero livelli e differenze tra livelli: ....

Grafica: ....

Compatibilità per PC / TV / telefono: ....

ELEMENTI LINGUISTICI UTILI

ESEMPI DI NEOLOGISMI INVENTATI

- **la guantola:** strumento formato da guanto + pistola
- **la spadestra:** strumento formato da spada + balestra
- **il raggio-occhiali:** occhiali che emettono raggi
- **lo scudo-bolla:** bolla che forma uno scudo intorno all'eroe o all'eroina
- **il risolvi-situazioni:** potere magico che permette di risolvere le situazioni
- **lo scopri-mappa:** oggetto speciale che permette di vedere tutta la mappa del gioco, altrimenti nascosta

ESEMPI DI NEOLOGISMI DI DERIVAZIONE INGLESE GIÀ PRESENTI NELLA LINGUA ITALIANA

- **ristartare:** fare ricominciare il gioco
- **laggare:** quando il gioco online si blocca temporaneamente per troppa lentezza nella risposta dal server
- **linkare:** quando si condivide l'indirizzo Internet di un sito, ad esempio all'interno di una chat
- **photoshoppare:** quando si modifica una foto con un programma di grafica (Photoshop) per ottenere effetti speciali, spesso poco realistici
- **chattare:** conversare attraverso messaggi istantanei su una chat
- **editare:** modificare un elemento multimediale (testo, audio, foto, video) attraverso un apposito programma

© Loescher Editore 2021